企业自主创新模式、效率及政策研究
——以陕西为例

胡海青　王兆群　陈　迪◎著

Research on the Models,
Efficiency, and Policies of
Enterprise Independent Innovation:
A Case Study of Shaanxi Province

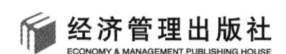

经济管理出版社

图书在版编目（CIP）数据

企业自主创新模式、效率及政策研究：以陕西为例 / 胡海青，王兆群，陈迪著. -- 北京：经济管理出版社，2024. -- ISBN 978-7-5243-0110-3

Ⅰ. F279.274.1

中国国家版本馆 CIP 数据核字第 2025SP4036 号

组稿编辑：申桂萍
责任编辑：董杉珊
责任印制：许　艳
责任校对：陈　颖

出版发行：经济管理出版社
　　　　（北京市海淀区北蜂窝 8 号中雅大厦 A 座 11 层　100038）
网　　址：www.E-mp.com.cn
电　　话：(010) 51915602
印　　刷：北京市海淀区唐家岭福利印刷厂
经　　销：新华书店
开　　本：720mm×1000mm/16
印　　张：13.75
字　　数：224 千字
版　　次：2025 年 2 月第 1 版　2025 年 2 月第 1 次印刷
书　　号：ISBN 978-7-5243-0110-3
定　　价：88.00 元

·版权所有　翻印必究·

凡购本社图书，如有印装错误，由本社发行部负责调换。
联系地址：北京市海淀区北蜂窝 8 号中雅大厦 11 层
电话：(010) 68022974　　邮编：100038

前　言

党的十九届五中全会指出，"坚持创新在我国现代化建设全局中的核心地位，把科技自立自强作为国家发展的战略支撑"。这一重要部署，为激发企业创新活力、提升企业自主创新能力擘画蓝图，也为推进经济高质量发展提供了行动指南。

陕西省于1988年定下了"科技兴陕"这一战略目标，之后陆续组织实施了一系列针对工程和产业化的计划，如"51251"工程、火炬计划、"13115"科技创新工程、"科技成果转化与推广计划"、"1851"科技经济一体化计划、星火计划，并制定和出台了一系列的政策文件，如《陕西省科学技术进步条例》《陕西省促进科技成果转化若干规定（试行）》《陕西省实施创新驱动发展战略纲要》《陕西省科技成果转化引导基金管理暂行办法》等，聚焦追赶超越目标，助力"大众创业、万众创新"的全面展开，创新型省份建设的加速进行，以及"创新强省"建设征程的开创。

2023年，陕西省国家级科技企业孵化器增加至49家，省级以上孵化载体（包括众创空间、科技企业孵化器等）达到489个，拥有超过2万家（支）孵化、服务企业和团队，带动就业18万人，全省入库科技型中小企业达2.18万家，在主板、中小板、新三板等挂牌、上市的高成长性企业超过了124家。

为积极响应国家政策，进一步实施创新驱动发展战略，谋求更深入、广泛的经济转型，陕西省仍需要以企业发展实情为依据，制定出具有本地特色的政策条例，以达到对陕西企业自主创新提供全面支持这一目的。良好的政策环境、陕西省科技体制改革的持续深化、科技创新体系的不断完善以及科技产出成果的加速转化，都推动着科技与经济相结合，对陕西省企业创新效率的提升起到了进一步的助推作用。本书将基于陕西省自主创新政策及企业创新发展现状，研究陕西省自主创新的模式和政策体系，并提出实现陕西省自主创新政策的保障措施。

本书围绕陕西省企业自主创新支持政策这一主题，在掌握创新研究领域最新成果及陕西省企业自主创新现状与政策等大量一手资料的基础上，收集国内外有关专家的研究成果，展现近年来在理论领域中自主创新政策的发展情况，探究自主创新政策与企业创新两者在理论上的相关性，进一步探讨陕西省自主创新政策及企业的发展情况，并以此为依据提出陕西省自主创新存在的问题；针对发现的问题，应用模糊积分法、DEA、多元回归等实证研究方法，对企业关于自主创新政策落实情况的问卷调查数据进行统计分析，探讨陕西省不同行业企业自主创新模式中的最优选择，并对企业创新效率受到陕西省自主创新政策的影响进行评价分析；结合实证研究结论，搭建针对陕西省企业的自主创新政策体系，最终给出陕西省企业实现自主创新所需的一系列保障措施，为陕西省企业自主创新提供理论支撑。

本书为作者长期深耕创新研究领域集体智慧的成果，并得到国家自然科学基金项目（72072144；71672144；71372173；70972053）、西安市科技局软科学研究计划重点项目（23RKYJ0001；21RKYJ0009）、陕西省创新能力支撑计划软科学研究计划重点项目（2019KRZ007）、陕西省创新能力支撑计划软科学研究计划项目（2024ZC-YBXM-031；2021KRM183；2022KRM129；2022KRM097；2017KRM059；2017KRM057）、陕西省创新能力支撑计划外国专家服务计划一般项目（2025WZ-YBXM-18）、陕西省社会科学基金一般项目（2019S016）、陕西省社科界重大理论与现实问题研究项目（2021ND0241）、陕西省哲学社会科学研究专项（2023HZ1036；2022HZ1824；2022HZ1581）、三秦英才特殊支持计划哲学社会科学和文化艺术领域领军人才项目等科研计划项目的支持。

由于研究时间和研究能力有限，本书难免存在偏颇疏漏之处，真诚希望能够得到读者的批评指正。我们将继续跟踪创新研究领域的相关问题，以期为地方企业自主创新发展提供更有价值的研究成果，为陕西省实现经济高质量发展尽绵薄之力。

胡海青

2022 年 4 月

目 录

1 绪论 ·· 1

　1.1 研究背景 ·· 1

　1.2 研究意义 ·· 3

　　1.2.1 实践意义 ·· 3

　　1.2.2 理论意义 ·· 4

　1.3 研究内容、方法及框架 ··· 5

　　1.3.1 研究内容与框架 ··· 5

　　1.3.2 研究方法 ·· 6

2 相关理论探究 ·· 9

　2.1 关键概念界定 ·· 9

　　2.1.1 企业自主创新的内涵及分类 ······································· 9

　　2.1.2 企业自主创新体系构成 ·· 13

　　2.1.3 企业自主创新政策的内涵 ··· 13

　　2.1.4 企业创新效率 ·· 15

　2.2 企业自主创新的模式及路径 ·· 16

　　2.2.1 原始创新模式及路径 ·· 16

  2.2.2 集成创新模式及路径 …………………………………… 18
  2.2.3 引进消化吸收再创新模式及路径 ……………………… 19
  2.2.4 "政产学研"自主创新模式及路径 …………………… 20
  2.2.5 开放式全面自主创新模式 ……………………………… 22
 2.3 企业自主创新政策对企业创新效率的影响 ………………… 23
  2.3.1 企业自主创新政策相关研究 …………………………… 23
  2.3.2 企业创新效率相关研究 ………………………………… 25
  2.3.3 企业自主创新政策与企业创新效率的关系 …………… 27
 本章小结 ………………………………………………………………… 28

3 陕西省企业自主创新政策及企业创新现状分析 ……………… 30

 3.1 陕西省企业自主创新发展状况分析 ………………………… 30
  3.1.1 企业的基本状况 ………………………………………… 30
  3.1.2 企业自主创新投入状况 ………………………………… 32
  3.1.3 企业自主创新产出状况 ………………………………… 35
  3.1.4 企业自主创新环境状况 ………………………………… 38
  3.1.5 陕西省企业自主创新模式选择概况 …………………… 40
 3.2 陕西省企业自主创新政策现状分析 ………………………… 42
  3.2.1 科技投入政策 …………………………………………… 43
  3.2.2 税收激励政策 …………………………………………… 44
  3.2.3 金融支持政策 …………………………………………… 44
  3.2.4 政府采购政策 …………………………………………… 45
  3.2.5 其他相关政策 …………………………………………… 46
 3.3 陕西省企业自主创新存在的问题 …………………………… 49
  3.3.1 企业自主创新的主体意识较弱 ………………………… 49
  3.3.2 企业自主创新效率偏低 ………………………………… 51
  3.3.3 企业自主创新模式与企业发展不匹配 ………………… 51

3.3.4 企业内部整合自主创新能力和资源的水平不足 ………… 52

　本章小结 ……………………………………………………………… 53

4 基于模糊积分法的陕西省企业自主创新模式选择 …………………… 55

　4.1 陕西省企业创新模式选择的影响因素 …………………………… 55

　　4.1.1 企业内部因素 ……………………………………………… 55

　　4.1.2 企业外部环境 ……………………………………………… 61

　　4.1.3 企业生命周期分析 ………………………………………… 64

　4.2 指标体系设计 ……………………………………………………… 67

　　4.2.1 指标体系设计原则 ………………………………………… 67

　　4.2.2 指标体系构建 ……………………………………………… 68

　　4.2.3 指标体系的含义 …………………………………………… 69

　4.3 模型构建 …………………………………………………………… 73

　　4.3.1 基于模糊积分法的指标量化分析 ………………………… 73

　　4.3.2 基于 SPACE 法的模式选择模型构建 …………………… 76

　4.4 数据选择 …………………………………………………………… 81

　4.5 陕西省企业自主创新模式选择实证分析 ………………………… 82

　　4.5.1 实证分析 …………………………………………………… 82

　　4.5.2 研究结论 …………………………………………………… 97

　本章小结 ……………………………………………………………… 106

5 自主创新细分政策对企业创新效率影响实证研究 …………………… 107

　5.1 研究假设 …………………………………………………………… 107

　　5.1.1 科技投入政策与企业创新效率 …………………………… 107

　　5.1.2 税收激励政策与企业创新效率 …………………………… 108

　　5.1.3 金融支持政策与企业创新效率 …………………………… 109

　　5.1.4 政府采购政策与企业创新效率 …………………………… 110

  5.1.5 引进消化吸收再创新政策与企业创新效率 ……………… 110

5.2 方法介绍 …………………………………………………………… 111

  5.2.1 DEA方法介绍 ………………………………………… 111

  5.2.2 多元回归模型概述 …………………………………… 112

5.3 变量选取与模型设定 …………………………………………… 112

  5.3.1 变量选取 ……………………………………………… 113

  5.3.2 模型设定 ……………………………………………… 114

5.4 实证分析 ………………………………………………………… 115

  5.4.1 企业科技创新效率 …………………………………… 115

  5.4.2 基于DEA的陕西省企业创新效率分析 …………… 115

  5.4.3 陕西省自主创新政策对企业创新效率的实证分析 … 116

5.5 研究结论 ………………………………………………………… 119

本章小结 …………………………………………………………………… 124

6 陕西省企业自主创新政策体系的构建 ……………………………… 125

6.1 陕西省自主创新政策体系构建原则 …………………………… 126

6.2 陕西省自主创新政策体系构建依据 …………………………… 127

  6.2.1 国家创新政策 ………………………………………… 127

  6.2.2 陕西省经济发展政策 ………………………………… 127

  6.2.3 陕西省现实状况 ……………………………………… 127

6.3 陕西省自主创新政策体系构建内容 …………………………… 128

  6.3.1 推进科技投入政策 …………………………………… 129

  6.3.2 强化税收激励政策 …………………………………… 133

  6.3.3 促进金融支持政策 …………………………………… 135

  6.3.4 明晰政府采购政策 …………………………………… 136

  6.3.5 深化引进消化吸收再创新政策 ……………………… 138

6.4 陕西省企业自主创新实现方式 ………………………………… 140

6.4.1　原始创新模式下企业自主创新的实现方式 ………… 141
　　6.4.2　集成创新模式下企业自主创新的实现方式 ………… 145
　　6.4.3　引进消化吸收再创新模式下企业自主创新实现方式 …… 148
　　6.4.4　官产学研创新模式下企业自主创新实现方式 ……… 156
　　6.4.5　开放式全面自主创新模式下企业自主创新的实现方式 …… 164
本章小结 ………………………………………………………… 176

7　陕西省保障企业自主创新的措施 …………………………… 178

7.1　基于企业角度的保障措施 ……………………………… 178
　　7.1.1　坚定自主创新决心，选择适当创新模式 …………… 179
　　7.1.2　以科技人才为本，加强企业创新能力 ……………… 180
　　7.1.3　增强知识产权意识，提高知识产权能力 …………… 181
　　7.1.4　重视高等院校及科研机构的基础创新作用 ………… 183
　　7.1.5　重视企业文化，培育企业内部创新氛围 …………… 184
　　7.1.6　建立健全企业激励机制 ……………………………… 185

7.2　基于政府角度的保障措施 ……………………………… 186
　　7.2.1　加强创新宏观指导 …………………………………… 187
　　7.2.2　完善创新激励政策 …………………………………… 187
　　7.2.3　促进企业知识产权意识 ……………………………… 189
　　7.2.4　鼓励民营科技企业技术创新 ………………………… 190
　　7.2.5　强化科技企业主体地位 ……………………………… 192
　　7.2.6　完善企业科技成果转化机制 ………………………… 194
　　7.2.7　发挥科技中介服务机构作用 ………………………… 194
　　7.2.8　积极营造企业科技人才环境 ………………………… 195

本章小结 ………………………………………………………… 196

8 研究结论与展望 · · · · · · 198

8.1 研究结论 · · · · · · 199
8.2 主要创新点 · · · · · · 200
8.3 研究不足与展望 · · · · · · 201

参考文献 · · · · · · 203

1 绪论

1.1 研究背景

随着科学技术水平的飞速进步，世界各国和地区的竞争主要表现为科技能力的竞争，而科技实力的提高、经济主体发展活力的持续取决于创新能力。为了加强我国的综合竞争力和创新能力，2006年，《国家中长期科学和技术发展规划纲要（2006—2020年）》中提到，要构建有中国特色的国家创新体系，使科技的创新发展成为我国国际竞争力的核心力量。与此同时，国务院颁布的《实施〈国家中长期科学和技术发展规划纲要（2006—2020年）〉的若干配套政策》，为我国在未来15年成为创新型国家制定了一套完整的、支撑自主创新的政策及战略体系。

2007年，国家确定了在今后一段时期内，我国的重要发展战略为"提高自主创新能力，建设'创新型国家'"。2013年，习近平总书记在视察湖南省威胜集团时，对该企业的自主创新发展方式表示肯定，并鼓励全体员工继续不间断地加强科技领域研发，推动企业持续创新；李克强在2014年夏季达沃斯论坛的讲话中提出，要在全国范围内推动建立"大众创业、万众创新"，助推民间中小型科技企业创新创业浪潮；同年，中国自主创新年会将"改革引领转型，创新驱动发展"作为大会主题，引起"如何使中国创新走得更快更远"话题的热议；2018年，《国务院关于推动创新创业高质量发展打造"双创"升级版的意见》中提出，要以培育企业家精神为主体，将创新平台构建和创业要素完善作为两翼，以加快政府职能转变为重要支撑，并进一步明确了创新创业要以高质量为最终目标；2020年，习近平总书记在召开科学家座谈会时提出，加大科技创新速度对于我国"十四五"时期甚至更长时期的发展而言都是较为迫切的。在抗击新冠疫情过程中，无论是多条技术路线研发疫苗，还是大规模核酸检测、大数据追踪溯源和健康码识别，都需要科技提供强大支撑；在全国抗击新冠疫情表彰大会上，弘扬的伟大抗疫精神中就包括"尊重科学"。综上所述，我国在今后很长一段时期内，将以提升企业自主创新能力从而推动国家综合实力不断攀升作为主要目标。

各种类型和规模的实体企业是我国在未来国际竞争中最重要的科技创新主体，因此，自主科技创新水平的发展重在对各类实体企业科技创新能力的引导和扶持。目前，尽管我国绝大多数企业都能够很好地适应市场经济的运行机制，通过公平竞争营造常态化的运作模式，但转型过程中所遇到的创新能力相对薄弱、对市场调节机制的保护不足、企业各种创新资源优化组合欠缺等问题，仍需要进一步解决。政府采用补贴和税收等政策干预战略性新兴产业自主创新活动，能够增加自主创新资金、降低自主创新成本，提高自主创新能力[1]。因此，政府可通过制定积极有效的宏观政策来为企业提供技术创新的优良环境，从政策、税收和资金等方面给予扶持，以调动广大企业的积极性，提高企业的科技创新效率。目前，我国各级政府已逐步将已出台的有关自主创新的配套政策落实到各个地方的科技型企业，通过控制财政支出、政策优惠、鼓励创新等方式，协同各部门共同努力，加快落实国家自主创新战略，发展以企业为主体、以市场为导向、以科技为支撑、以人才为根本的创新型发展道路。

为了深入贯彻执行国家关于自主创新的总体战略方针，陕西省各级政府也结合本省实际情况，迅速出台并落实了相应措施，努力将自主创新政策落到实处。

陕西省发布了《中共陕西省委陕西省人民政府关于增强自主创新能力提高经济竞争力的决定》《陕西省人民政府关于实施科技规划纲要增强自主创新能力建设创新型陕西若干政策规定的通知》等一系列文件。同时，陕西省科技创新投资活动逐年递增，取得了显著的效果，省内企业的自主创新环境有了较大的改善。陕西省统计局数据显示，"十三五"时期，陕西省科技创新水平及实力有了极大提升，科技投入的种类和数量不断增加，科技人员的科研素质及能力不断增强，资金、设备、管理及营销等各方面都与国际先进水平的差距越来越小，与相关企业、科研机构的合作力度及范围明显增强，自主创新整体实力得到了极大的提高。但是，一些问题仍然藏匿于本土企业中，如企业不够强烈的自主创新意识、低下的创新效率、不够充足的科技投入、不算良好的创新环境等，这些成为阻碍创新水平提高和竞争实力增强的因素。因此，陕西省各级政府应该通过不断的敦促和协助来促进企业自主创新能力的提高以及自主创新活动的进一步发展，依赖不断进步的科学技术，使科学技术这个"第一生产力"充分发挥出支撑引导的作用，最终进一步优化产业结构，从根本上转变增长方式，带来经济社会的协调发展。有效的创新模式运用，加之恰当的政策支持，是陕西省甚至西部地区企业提升自主创新能力、实现自身突破性发展、增强核心竞争力的必经之路。

1.2 研究意义

1.2.1 实践意义

推动世界科技企业科学技术迭代、保持竞争活力，离不开持续不断的创新。当前，全球新一轮科技革命和产业变革迅猛发展，科研范式深刻变革，学科交叉日益加深，科技与经济加速融合，而新冠病毒感染疫情的暴发加速了科技创新步伐，同时也进一步加剧了全球科技竞争[2]。在世界被新冠疫情裹挟和全球化的浪潮中，科技创新能力之间的竞争代表着各国和地区企业之间的竞争。因此，综合国力的增强需要企业完善自主创新模式并提高自主创新能力。

我国高科技企业的自主创新模式可分为原始创新模式、集成创新模式和引进消化吸收再创新模式。具体到实践中，如何灵活运用这三种模式是对决策者的考验。模式运用的不当易使企业陷入"拆了东墙补西墙"的困境中，无法形成长期作用的创新产业链。本书将就现有的政策是否对在陕企业起到积极有效的推动作用、是否为在陕企业的创新发展提供了支撑的平台、是否促进了企业之间的科技交流与合作等问题进行研究。同时，本书将结合陕西省企业自主创新的实际情况，并针对各类企业的特点，提出具有地域特色的企业自主创新实现方式，运用数据包络（DEA）及多元回归等分析方法确定陕西省现有的自主创新政策与企业科技创新效率之间的关系，从政府、企业两个视角为保障陕西省企业实现自主创新提供有效的措施建议，并在此基础上优化陕西省企业自主创新政策体系的内容。

1.2.2 理论意义

创新是人类前进与发展的重要推手，近年来，人们更多地将注意力聚焦于科技自主创新。原始创新、集成创新、引进消化吸收再创新三个方面，同时也对应着实现科技自主创新的三种方式，并演化成三种自主创新模式。国内外有关这三种模式的理论和文献较多，在很大程度上奠定了陕西省乃至全国科技自主创新在实现企业创新目标过程中的地位。

随着自主创新行为的推广和深化，自主创新模式不断推陈出新，出现了像组合创新、以不同区域层次为依据的创新模式和全面创新。对于企业而言，这些新兴的创新模式在实现自主创新的过程中都体现出了一定的指导意义，为已有的自主创新理论注入了新鲜血液。本书将这些自主创新模式及创新模式下所对应的实现方式进行整理、归纳和总结后得出的政策规律，将会对实现区域和企业自主创新产生更强的助力作用。推动企业发展的自主创新政策涉及众多方面，对企业创新效率的影响程度也有差异，影响因素包括政策的落实程度、政策程序的便捷程度等；企业自身的规模、员工素质、所处区域的环境等因素也会对创新效率产生影响。本书采用的方法是将理论与实证研究结合起来,研究主体确定为陕西省自主创新企业,具体分析企业创新效率受到自主创新政策的影响程度,以期在陕西企业自主创新政策体系的大框架下,为陕西省自主创新政策的制定提供理论依据。

1.3 研究内容、方法及框架

1.3.1 研究内容与框架

自《实施〈国家中长期科学和技术发展规划纲要(2006—2020年)〉的若干配套政策》被颁发并公布之后,陕西省各级政府根据政策精神,制定出了适合本地企业发展需求的纲要、规定等,以此支持和引导企业的自主创新行为,并取得了一定的效果。一些企业的创新效率有所提高,但仍有一些企业并未真正将政策精神落实到位,也未给自身带来实际效用。本书通过相关理论与文献的综述分析,研究陕西省自主创新政策对企业创新效率的影响情况,并根据研究成果,构建更加合理并适应未来发展趋势的陕西企业自主创新政策体系,使之成为陕西省企业进行自主创新的有力保障。具体内容如下:

第1章:绪论。该章着眼于企业发展以及国家创新实力受到自主创新政策的影响,强调自主创新政策对企业未来发展的影响,提出制定科学的自主创新政策是必要的,并提出本书的研究意义、内容、方法和框架。

第2章:相关理论探究。该章从企业自主创新、自主创新模式、企业创新效率的定义、特点、体系、理论基础及研究综述多方面、多角度对自主创新政策展开探讨。

第3章:陕西省企业自主创新政策及企业创新现状分析。该章包括了陕西省企业的投入、产出、创新环境等体现企业创新发展状况的内容,以及陕西省企业自主创新具体实施内容，并在此基础上提出了陕西省自主创新领域存在的问题。

第4章：基于模糊积分法的陕西省企业自主创新模式选择。该章首先对企业模式选择的影响因素进行了分析，在此基础上通过收集相关数据、发放问卷、构建模型、选择指标，选择了模糊积分法来研究陕西省企业自主创新模式的选择问题，深入探讨了不同企业自主创新能力与其所应用的创新模式二者之间的相关情况。

第5章：自主创新细分政策对企业创新效率影响实证研究。该章通过结合数据包络（DEA）的方法及建立多元回归模型，对自主创新政策中的具体政策项目对企业创新效率的影响情况进行了实证分析，探讨了企业创新各政策对企业创新效率的作用情况。

第6章：陕西省企业自主创新政策体系的构建。基于第5章的实证分析，该章构建了陕西企业自主创新政策体系，涵盖了其原则、依据及具体内容；并且，根据第4章实证结果，确定了陕西企业在不同自主创新模式下的政策支持。

第7章：陕西省保障企业自主创新的措施。该章结合以上理论分析和实证分析的结论，基于企业和政府两个主体的角度给出了陕西省企业自主创新政策实施所需要的保障措施，为陕西省企业自主创新的实现提供强有力的支持，使企业能够真正享受到自主创新所带来的实质性效益。

第8章：研究结论与展望。该章总结了全书的研究成果，提出了创新点和研究不足，并指出了进一步的研究方向。

本书的研究框架如图1-1所示。

1.3.2 研究方法

本书用到的研究方法为：

（1）规范分析与实证分析相结合

通过研究国内外企业自主创新、自主创新的政策和创新模式的相关文献，并基于国内外学者关于企业自主创新定义、创新政策、创新模式的相关理论及陕西省企业自主创新现状的研究，本书实证分析了企业自主创新模式选择、自主创新政策对创新效率的影响因素，进而对企业自主创新政策体系进行了规范的分析和

1 绪论

```
┌─────────────────────────────────────────────────────┐
│         明确研究目标，分解工作，设计具体研究方案          │
└─────────────────────────────────────────────────────┘
   ┌───────────────────────────────────────────────┐
   │  研究背景  ←→   绪论   ←→  研究内容            │
   │  研究意义              研究方法                 │
   └───────────────────────────────────────────────┘

┌─────────────────────────────────────────────────────┐
│         结合相关概念与理论进行现有研究的评述             │
└─────────────────────────────────────────────────────┘
   企业自主创新内涵及分类      企业自主创新的模式及路径
   企业自主创新体系构成  关键概念界定 ◇相关理论探究◇ 现有研究归纳
   企业自主创新政策内涵                企业自主创新对企业创新效率的影响
   企业创新效率              研究评述

┌─────────────────────────────────────────────────────┐
│       陕西省企业自主创新政策及企业创新现状分析           │
└─────────────────────────────────────────────────────┘
        发展状况分析    政策现状分析    存在的问题分析

┌─────────────────────────────────────────────────────┐
│ 陕西省企业自主创新模式的选择及自主创新细分政策对企业创新效率影响的实证研究 │
└─────────────────────────────────────────────────────┘
   模式选择影响因素分析  模式选择      假设形成
                      模式选择、  政策效率 模型选择
   模式选择实证分析    政策效率       实证分析

┌─────────────────────────────────────────────────────┐
│            陕西省企业自主创新政策体系的构建              │
└─────────────────────────────────────────────────────┘
        构建原则    体系构建    构建依据
        构建内容              实现方式

┌─────────────────────────────────────────────────────┐
│           陕西省保障企业自主创新的措施                  │
└─────────────────────────────────────────────────────┘
   基于企业角度的保障措施        基于政府角度的保障措施
                  → 实现企业创新能力 ←
```

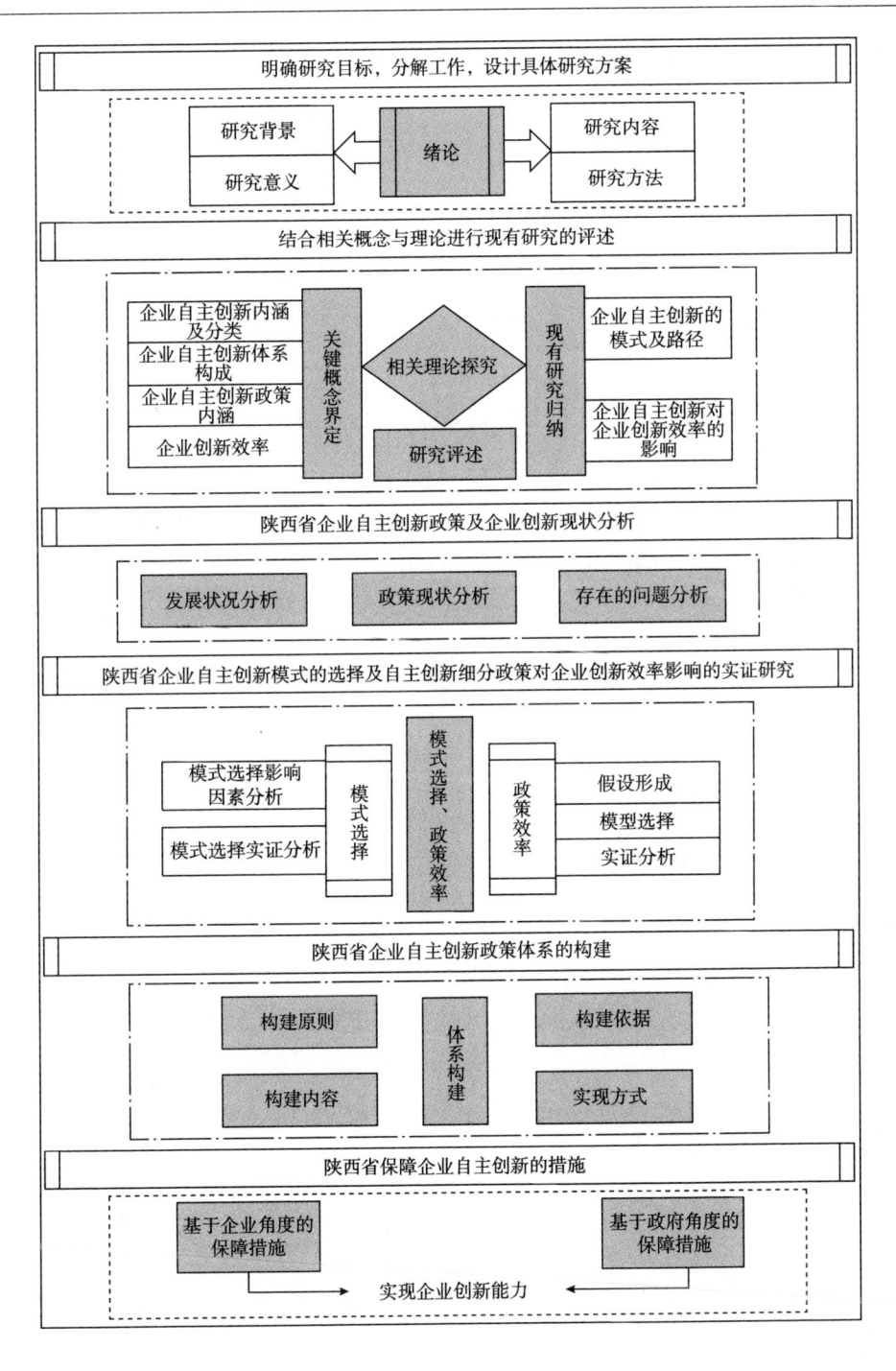

图 1-1　本书的研究框架

构建,并针对陕西省企业自主创新提出了保障措施。

(2) 定量分析与定性分析相结合

本书运用所构建的自主创新政策与企业创新效率的模型,通过提出假设、构建模型、选择与测度变量等步骤,以及结合通过问卷调查得到的陕西省企业的数据,运用数据包络分析(DEA)、多元回归等方法进行计算检验,分析得出自主创新政策影响企业创新效率的关键因素,以及各因素起到的作用的性质和强度。

(3) 统计分析

在实证部分,本书针对所收集到的数据,通过建模、指标选择等步骤,利用模糊积分法、数据包络分析及多元回归等方法进行了科学且规范的检验、计算及分析。此外,本书还通过路径分析将各变量之间的作用、效应进行描述。在具体分析中,本书采用了 IBM SPSS Statistics 21.0 软件。

2 相关理论探究

2.1 关键概念界定

2.1.1 企业自主创新的内涵及分类

2.1.1.1 企业自主创新的内涵

清华大学经济管理学院教授施培公（1996）[3]指出："自主创新是一个拥有不同层次含义的概念。当表示企业创新活动时，自主创新是指企业通过自身努力，攻破技术难关，形成有价值的研究开发成果，并在此基础上依靠自身的能力推动创新的后续环节，完成技术成果的商品化，获取商业利润的创新活动；当自主创新用于表示国家创新特征时，则是指一国不依赖他国技术，仅依靠本国自身力量独立研究开发，进行创新的活动。"

游光荣、柳卸林（2007）[4]将自主创新定义为"创造了自己知识产权的创新"。我国技术经济与管理学科的开拓者傅家骥认为，自主创新是一种创新活动，是指企业凭借自身的能力和探索完成了对已有技术的突破、对技术难关的攻克，并基于此在自身的能力范围之内实现了创新后续环节的推动，将已有技术商化,最终得到了商业利润,并达到预期目标;这和施培公教授给出的定义从根本上看是一致的。吴贵生、刘建新(2006)以"松紧"程度为依据,对自主创新提出了三种不同的定义,分别是"在创新主体控制下的创新""在创新主体控制下,获得自主知识产权的创新""在创新主体控制下,掌握核心技术的创新"。清华大学教授雷家骕(2007)[5]认为:"自主创新即创新过程具有科技含量、创新结果,具有全部或部分自主知识产权的创新,特别是原始性创新。"高旭东(2009)[6]则将自主技术创新定义为"以形成拥有自主知识产权的技术为目的的科研活动"。

基于已有研究,参照创新理论的发展和管理实践的需求,本书认为,在现阶段的中国,自主创新对于企业而言,不仅可以作为技术创新活动中可采取的一种战略,而且是一种能力建设;战略取向与能力提升两者之间是相辅相成、相互促进的关系。通过将国内各专家学者给出的定义进行总结,加之本书的论证与总结,本书把自主创新归纳和表述为:凭借自身的核心技术能力突破已有技术或清除存在的技术障碍,从而完成整个创新活动;它是一种技术创新的形式,总结起来就是依靠自身核心技术能力实现技术创新。

2.1.1.2 企业自主创新的分类

按照不同的角度和划分标准,企业自主创新的形式也不同。本书主要的划分标准有以下几个角度:

(1)以企业主体为分类标准的自主创新类型

一是内部型。自主中心型和衍生型是内部型的两种形式。自主中心型指的是企业通过设立属于自身的研发机构来进行的创新活动;而目前来看,衍生型则是一种较具发展潜力的模式,它把科研成果通过直接转移的方式转移到企业,形成产品并向市场推进,使产学研紧密地结合起来,最终各方融于一体,从而促进发展的一致性。

二是外部型。外部型分为合作型和合同型两种形式。合作型指通过合作达到创新,其中企业不仅是合作者,而且是创新的最终完成者;企业并非仅仅运用最终的技术成果,而是参与研发的过程。合同型指的是企业将项目研发全盘委托给其他主体承担，如研发机构、高校和其他企业，最后由企业将合同成果引进市场。

三是虚拟型。虚拟型创新模式是在创新活动中引进虚拟组织这一概念而形成的一种创新活动，其借助互联网这一渠道，将企业、高校、研究机构联系起来，突破了地域界限。研发组织充当着虚拟型创新的主体，它们来源于不同的地区，借助互联网被链接在一个平台，让一个研发项目成为主体，进而围绕这一项目的各个环节、特定的内容及目标，有效地运用好各种优势，实现相互之间的资源与不同阶段研究成果的共享；并运用必要的组织功能，把研究出的全部重要性的结论及时地整合起来。用最低的成本、最快的反应速度、最核心的资源，使整个合作体系的研发水平得以提高，最终实现研发。

（2）根据创新基本功能单元进行分类的自主创新类型

从系统论来看，系统是将结构与功能统一起来的一个整体，其拥有对应的结构与功能，即具备怎样的结构，就拥有怎样的功能，后者是前者的外在表现。促进企业进行自主创新是企业自主创新的基本功能，即推进技术创新以及在实现技术创新的过程中进行的一系列创新，如管理创新、基于供应链的企业间合作创新、组织创新。因此，依照这一标准，可以把自主创新划分为技术创新、管理创新、组织创新以及基于供应链的企业间合作创新。

一是技术创新。企业技术创新占据着企业自主创新的核心，企业自主创新能力的培育与产生正源于此，它能进一步产生企业的核心竞争力。

二是管理创新。管理创新具有以下优势：第一，能够把技术创新中产生的决策风险有效降低；第二，进一步提升技术创新投入资源的配置效率；第三，推进技术创新在市场中的应用。技术创新取得预期效益离不开完备的企业管理制度。

三是组织创新。组织效率会受到组织模式的影响，因此挑选出的基本组织形式的适当性和组织变革的适时性，成为企业技术创新中应该去研究、解决的重要问题。企业的组织创新应该依据企业所处的大环境以及创新目标去进行。

四是基于供应链的企业间合作创新。企业在竞争激烈的市场中所占据的位置离不开一个良好的供应链体系。在供应链的企业间建立一种新型的合作创新非常重要。各节点企业之间着眼于建立一种战略伙伴关系，并要求这种关系具有密切、长期、可信赖等特征。把供应链看成一个整体，为客户快速地提供出有价值的产品和服务，借此吸引更多客户，使整个供应链上的企业受益。

(3) 以创新战略为分类标准的自主创新类型

从企业自主创新的角度来看，本书将企业自主创新战略分为原始创新、集成创新和引进消化再创新三种，它们之间是相互联系、相互影响的关系，其应用主要是按照企业现有和未来一段时间内资源状况的需要，以及由此形成的企业发展战略而定的。

一是原始创新。原始创新是指企业通过搭建旨在研究开发的机构，培育和形成一批队伍来研究并开发产品或服务的行为方式。在这一过程中企业会对开发加大投入，围绕核心技术，在企业的内部组织之中开展技术创新活动。原始创新是科技创新能力的重要根基和科技竞争力的来源。原始创新不但是企业对相关知识资源进行学习、吸收、创造和发展技术的根基，也是企业生存和发展的基础。倘若企业对外部资源过于依赖，将会失去自身的能力，无法对外部资源进行高效吸收与利用。

二是集成创新。集成创新在研究开发活动中已被广泛运用，是指企业基于已有技术，对其产品和工艺的创新进行局部上的创新；抑或在已经存在的技术上进行组合式创新。

三是引进消化再创新。引进消化再创新指的是企业从境外引入技术，然后进行消化吸收以及再次创新的活动。企业在创新的过程中，为了达到加快技术和知识的吸收、积累的目的，将二次创新在国产化基础上加以实现，而企业的引进消化再创新和其他形式的创新之间存在着相互关联、相互影响的关系。第一，企业引进消化再创新不只是为了获得企业外部的技术来源，使开发和生产出的产品满足市场需求，在引进创新的过程中，向引进方学习是更为关键的，这有益于知识和技术转移的加速，最终进一步打造企业的知识技术平台以及加强企业的原始创新能力；第二，引进消化再创新是基于原始创新进行的，企业只有不间断地进行研究并加以开发，进而拥有较强的原始创新能力，才能使引进消化再创新在较高的层次上得以有效进行。

2.1.2　企业自主创新体系构成

企业自主创新体系指的是企业为了达到处于核心位置的关键技术的突破，在获得自主知识产权的基础上所建立的网络、制度和组织。企业自主创新体系并非封闭的，而是开放式、可流动的系统。自主创新并不是说不能合作创新和引进创新，因为对于企业而言，合作创新与引进创新对企业利用外部资源是有益的，能够使企业的自主创新能力得到提高。根据亨利·切萨布鲁夫的定位，第一，开放式创新指的是在企业关注于发展新技术之时，能够且理应将内部和外部的所有有价值的创意同时加以利用，并用好内部、外部两条市场通道，令其具有商业化的特征。第二，创意依旧是在企业内部的研发过程、技术商业化以及内部条件之中生成的。所以开放式创新这种模式所依赖的不是利用外部技术资源进行创新、停止企业内部研发工作，它不是一项简单的工作。第三，鉴于大多好想法、好创意都是潜藏在企业外部的，创意也可以由企业以外的实验室进入企业内部，那么企业内部的一部分创意、想法也会从企业内部"走出去"，到达企业以外的实验室，企业的自主创新体系就是进行这种内外交换的主要媒介。除了具有开放性这一特征，企业自主创新体系还具有系统性、动态性、多元性、边界性以及环境制约性等特征。

2.1.3　企业自主创新政策的内涵

国家针对区域制定的自主创新政策主要针对所在地的企业，各级政府为了促进本地区企业自身自主创新能力的提高，推行和实施了一系列政策和措施。企业自主创新政策的功能有别于技术创新，主要目的是缓解市场失效，以及培育和提高创新能力。而企业的自主创新更多的是体现在技术方面的创造性突破，自主创新政策是技术创新中重要的一部分，它通过引导企业进行技术开发与研究，使企业的科技水平得到有效提升。

目前，国内外学者对自主创新政策均有较为深入的研究。经济合作与发展组织（OECD）对技术创新政策早有定义：创新政策是对一系列复杂而系统的创新活动的归纳和提前铺陈。此类政策一方面与政府行为有关，另一方面与科研行为息息相关。Rothwell（1992）[7]通过对促进科技创新的政策相关内容进行研究，提出"集成创新政策"的概念，并对这一概念进行较为深入的分析，提出将科技政策与产业政策相结合，从而对区域创新与国家创新的关系做了进一步延伸，强调了国家科技竞争力受到自主创新的重要影响。

对自主创新的研究，国内学者更多的是基于政府对技术创新政策的研究。柳卸林（1998）[8]提出了政策系统中的四个要素，即政府、企业、科研机构和服务机构，并认为政策体系即由这四个要素构成，它们之间相互作用，组成了较为稳固的有机整体。王春法（2003）[9]在《主要发达国家国家创新体系的历史演变与发展趋势》中指出，创新政策体系是一种制度安排，它将科学技术的创新和发展融于经济增长过程中，其核心是科技的推动者与政府机构之间的相互作用，在此基础上再形成科学技术知识在整个社会范围内循环应用的机制。

进入21世纪后，国内才真正开始自主创新政策的研究。范柏乃（2010）[10]在《面向自主创新的财税激励政策研究》一书中构建了评价指标体系对区域自主创新能力进行评价，并对31个省级行政区的自主创新能力进行了实际评价，采用系统动力学方法，对税率、折旧率、贴息率等财税政策对自主创新的激励效果进行了SD模拟，并在对自主创新税收激励政策进行实证调查的基础上，参考国外针对自主创新税收激励政策的关键性经验，指出了改进自主创新税收激励政策的思路、对策、创新方向与选择方法。

张明龙（2009）[11]在《区域政策与自主创新》一书中将区域单元设为国家，把研究重点放在了应该以怎样的方式运用科技信用管理，并借助创新政策支持体系的建设以及加强自主创新能力这一研究上。另外，还有一些针对自主创新各项政策的具体研究，例如，Chittenden和Derregia（2010）[12]对15家企业的负责人与5位财务总监针对税收激励政策对促进企业研发投入的作用进行了半结构化访谈，确定了阻碍税收激励政策实现目标的障碍因素。首先，作者调查了税收激励政策的作用力度；其次，针对投资决策的不同发展阶段，探索了哪种税收激励政策最为有效；最后，研究了税收激励政策的不确定性影响。方重（2010）[13]通过线性回归分析方法，揭示了激励企业自主创新的税收政策与企业自主创新投入呈现正的弱相关，即促进企业自主创新的税收激励政策虽然对企业有促进作用，但是效果比较有限。Foreman-Peck（2012）[14] 通过分析美国中小企业的数据指出，税收政策对中小企业的创新活动有非常明显的促进作用。洪勇、李英敏（2012）[15] 认为，自主创新政策的最终目标是促进自主创新能力的提升。

2.1.4 企业创新效率

政策制定者对创新效率的一般定义是投入与产出之比，这就意味着，要提高创新效率，就要在创新过程中加大产出、缩减无谓的投入。对于企业而言，这种关系是指企业创新过程中所利用的各种资源投入总和与产出总和的比值，它反映了企业的创新资源配置效率。这一内涵对于企业来讲具体体现在两个方面：一方面，是企业自主创新投入与产出的具体情况以及创新资源配置状况的具体体现；另一方面，衡量企业目前的整体创新实力是否可以达到政策制定的自主创新的水平，这一点要通过是否有效利用现有资源以实现自主创新来衡量。

由于企业在创新的过程中，资源的采集与利用的有限性较强，很多企业对资源的获取率较低，但对资源的需求度远远地超过了获取率，这种矛盾导致企业需要在资源投入有限的情况下，依据一定的理论及实践，找到以最少投入获得最多产出的生产途径，通过有效利用现有的资源，在短时间内获得最大产出，并有效降低成本，节约人力、财力与物力。因此，企业创新就是在这种"效率夹缝"的情境下实现企业不断发展的。

研究创新效率的基础是对技术创新效率相关理论较为深入的理解。Samuelson等（2008）[16] 认为，经济效率是在资源利用最大化的前提下满足人们需求的边界值，而技术创新效率是指技术创新过程中资源投入与产出的比值。在实际生产中，技术创新具有很大的复杂性，有许多的影响因素与不确定性，所以在计算过程中，所对应的投入产出指标也往往较为复杂：不但有不同的衡量指标，指标所属维度也有所不同，必须根据实际情况进行选择与剔除。不同企业对效率的衡量大多是通过对相对数值的衡量和地域发展的独特性展开的,因此相对创新效率才更加适合衡量每个企业独特的创新过程。

2.2 企业自主创新的模式及路径

2.2.1 原始创新模式及路径

原始创新是创新活动的一种类型,指的是企业以其自身所具有的资源和能力为主要工具,将以前存在的技术难关进行突破,并基于此完成其他创新环节,实现技术商品化目的的同时从创新活动中获得一定利润。在现存的三种自主技术创新形式中,原始创新是其中最重要的一种创新形式,因为从创新程度来讲,原始创新属于根本性创新,在技术上往往体现为重大突破的实现,所以充当了如模仿创新、引进消化再创新等创新形式的基础。原始创新往往在使产业结构发生改变的同时,还能让其保持一段时间的稳定;除此之外,新的创新空间还会被原始创新打开,随即而来的是一系列渐进性的产品和工艺的创新。

只有当企业积累的技术和培养的研发能力足够强时,企业才能够进行原始创新。企业在进行技术活动的过程中掌握的知识积累和技术能力的递进就是技术积累,在技术创新过程中发现问题后,创新源的形成、技术问题的克服、创新成本的降低都离不开技术积累。从原始创新的角度来讲,鉴于根本性创新是其创新程度的特点,那么就需要企业对现存所有相关技术的掌握程度达到熟练,即达到较强的知识积累要求。研发能力指的是企业凭借较低的投入,完成新产品、新工艺从构想到实际应用这一整个阶段的能力。研发能力不仅对研发过程的实际结果有所强调,而且强调研发效率。原始创新是为了在技术层面上有所突破,在此过程中技术上往往存在很多难题需要解决,因而要求企业具备较强的研发能力。

本书以原始创新不同的方式和结果为依据进行划分,将原始创新分为四种表现形式,即原始创新的四种路径:原理创新;方法创新;应用创新;综合创新。原理创新指的是这样一种创新活动:以新认识到的科学规律为依据,对其加以利用,带来新产业或对原有产业加以升级并改造。例如,核电产业就是对爱因斯坦质能方程加以利用而开创的;又如,基于气体放电原理,制成了等离子发光管,再以等离子发光管为基础,制造出等离子电视等。与方法创新和综合创新相比,原理创新在产生工业应用和对多个产业的变革方面有着直接的导向作用,但原理创新活动有一段相当长的"距离",这段"距离"指的是从最初所根据的科学原理直到最后的实际应用,这一过程需要的时间相当长,同时通常情况下需要克服的难关也相当多,做到保密是很难的。因而,过早进入是企业在进行原理创新的选择时应避免的问题,对于基础研究的成果,应该尽量吸收而避免投入过多。

方法创新是一种创新活动,在这一活动中,经济利益的获取凭借的是实际生产中投入与科学研究相关的一系列成果,如新发现、新技术与新方法、新实验手段、新仪器、新合成反应以及新物质等,例如,烧碱制取技术通过高纯度烧碱制造法——离子交换膜法实现了新发现。而应用创新同样是一种创新活动,指在新的领域中运用已有的理论、方法或技术,将科学理论、方法与实际应用接触点进行扩大,引导新技术或者新发明的产生,最后在生产过程中进行应用并产生经济效益。例如,日本一些企业在体育器械中应用了宇航行业中发明的碳素纤维,最终生产出了高质量的球鞋、球拍、自行车、高尔夫用品等,在很大程度上提高了运动员的成绩,企业也因此获得了可观的收益。

综合创新是指将多种方法技术结合起来,以实现或达到某种特定的功能或性能,进而获得实际应用的创新行为,如计算机硬盘的生产就综合运用了精密机械技术、超净技术、密封技术、集成电路技术等。

由上述内容可以知道,创新构想决定了原始创新的四种路径,这同时与企业所处的行业也有着强烈的关系,如医药生物行业的原始创新多归因于方法创新。因此,企业应当立足于创新构想,在正确评估自己的技术积累和研发能力的基础上,根据不同的创新途径,对创新资源合理利用,引导创新活动取得成功。

2.2.2 集成创新模式及路径

集成创新是指企业优化组合各种创新要素（技术、战略、知识、组织等），使其以最合理的结构形式组合起来，产生一个集功能倍增性和适应进化性相统一的有机整体，为创新活动提供新产品、新工艺、新的生产方式或新的服务方式。鉴于技术的错综复杂和交叉融合、用户对产品的多功能要求、知识的衍生性，与以往相比，目前的产品、生产方式以及服务更为复杂，集成创新随之就充当着一种十分重要的创新角色，与当代社会发展相适应。

Marco Lansiti 和 George Best 分别提出的技术集成和系统集成是集成创新的概念来源之处。Lansiti 对技术集成的定义是，"以创造技术可供资源和技术应用关联环境之间的匹配为目标的调查、评估和提炼的活动集合"；Best 认为，系统集成则是"一种在技术和组织层次上发挥作用的生产和组织的基本原则"。从技术集成、系统集成到集成创新，这些概念的提出皆彰显出当前技术创新领域的一种新的方向，那就是鉴于企业研发能力的普遍提高，技术成果不再短缺，技术供给日渐丰富，同时客户对产品的要求越来越高，技术创新的重点和难点已经不再是达到技术上的突破、克服存在的技术困难，反而是将现有技术或可预期的技术与客户需求之间相匹配。

集成创新作为一种新的创新模式，就是要将日益丰富、复杂的技术资源与实际应用"接轨"，其本质就是寻求在符合客户需求的产品与丰富的技术资源供给之间进行创造性匹配。集成创新对企业提出了更高的要求，不仅要在相关领域拥有丰富的建构知识，而且要具备较强的创新管理能力，这种创新管理能力要求企业能够从整体上组织实施技术创新，它是企业用来对创新机遇进行发掘和正确评估、对技术创新进行合理组织实施的能力。对于自主技术创新来说，集成创新可分为三种不同组合的集成形式，即单元技术与单元技术集成、设计技术与加工技术集成、单元技术与系统技术集成。而以创新对象为依据进行划分，集成创新又可以分为产品集成创新和工艺集成创新两大类。

因为集成创新与主体的行业、企业经营环境、技术密切相关，所以每个企业都表现出带有自身特色的集成创新,尤其是近年来出现的诸多新改变,如研发过程电子化、跨企业的创新活动趋势、研发成本增强、技术逐渐趋同、产品生命周期变短、全球竞争压力增加、飞速的技术变革等,更是让企业认清自己不得不谨慎地来应对所处的社会环境,审慎地去形成自己独特的创新计划。集成创新的大致流程如下:第一是要调查市场情况,了解市场需求,通过分析市场需求奠定对产品需求的把握,即产品构想阶段,它利用分析功能将产品构想转化为产品功能定义,为产品的设计和开发奠定坚实的基础。形成产品特定功能定义是产品集成创新过程中的重要部分,应将市场需求与技术的可实现性考虑在内。第二是产品设计的实现阶段,借助新技术的开发或对先前存在的技术加以利用来完成。工艺集成创新流程往往从技术供给出发,对各种可利用技术持续地观察、判断和综合应用,形生工艺集成创新的大致框架,再通过收集、分析和整理相关信息把这一框架进行细化,最后经过评价得以实现。

2.2.3 引进消化吸收再创新模式及路径

企业的引进消化吸收再创新是一种创新活动,它以技术引进为基础,对引进技术进行消化吸收,从而对核心技术有所把握,并以市场需求为依据对下一代新技术进行开发,最终实现对引进技术的超越。从创新程度来说,引进消化吸收再创新通常是循序渐进的创新行为。与自主技术创新的其他两种模式相比,引进消化吸收再创新对企业有着更低的要求。在这样的模式下,不要求企业具备技术积累、强大的研发团队和研发资源,对创新管理的经验是否足够也不做出要求,因此它被许多创业企业以及介入新行业的大企业纳入实施自主技术创新的重要选择行列。对于技术落后的企业而言,实施技术追赶和技术跨越的重要路径就是引进消化吸收再创新,例如,很多日本和韩国的企业就是借助引进消化吸收再创新实现了对欧美企业的迅速追赶并超越。引进消化吸收再创新的基本过程由引进构思、技术引进、消化吸收和再创新四个部分组成。在这一进程中,消化吸收阶段是重中之重,经过这一阶段的模仿学习,企业自身在设计、质量、制造等方面的技术能力可以得到有效提高,从而为日后的再创新奠定基础。所以拥有较强的技术学习能力是企业引进消化吸收再创新的关键，这要求企业能快速地从引进的技术中对核心技术加以掌握。

然而，企业的技术学习能力区别于技术能力，前者指的是企业对技术进行消化、吸收以及创新的能力。但从某种意义上来说，技术学习能力与企业的技术能力具有一定的关联，也就是说，企业的技术水平越高，其技术学习能力往往越强，这是因为企业的技术能力越低，那么对单位总体学习能力进行提高就需要越高的经费。但技术学习能力并不取决于技术能力，企业的人才结构素质、组织机构的创新机制以及企业文化都会对其产生影响。

引进消化吸收再创新模式是在现有发展的基础上，通过较低的成本和高效率提升企业创新能力，但这种模式并非一劳永逸，而是一个量变与质变同步的多维过程，要求不断学习积累，多主体配合共同攻克难关，不断提升创新能力，实现渐进性的技术进步。在这一过程中，创新主体需要对引进技术进行反求工程（武汉大学开放式创新研究课题组，2019）[17]。

反求工程也称逆向工程，是完成消化吸收的重要工具，也是一种产品生产方式。反求工程依赖于现代设计理论和方法，在此基础上进行反求分析、反求设计、探索消化、吸收他人先进技术和设计理念。它以解剖分析引进技术或设备为主要方式，掌握所引进的技术或设备的功能原理、材料、结构参数、形状尺寸，特别是关键技术，进而实现产品的再设计。有效的逆向工程能利用较短的时间，花费较低的成本知悉引进技术的内在机理，最终达到对引进技术的迅速消化吸收。企业在实施引进消化吸收再创新的过程中，除运用逆向工程技术外，还应当根据自身实际情况，时刻关注创新战略和目标制定，把有关技术发展动态的信息作为正确技术决策的基础，注重人才队伍的合理建设，通过对引进技术的消化吸收来实现人才的高端培养，进而使企业员工的综合素质与技术水平得到提升。

2.2.4 "政产学研"自主创新模式及路径

"政产学研"创新模式强调政府、企业、高校、科研机构四方以技术的供需关系作为连接纽带，形成稳定的合作创新模式。根据分工的不同，不同层次的创新主体（政府、企业、科研机构、高等学校和其他力量）应当相互协调配合，以某种目标配置科技资源（科技人力、物力和财力）并将此作为着力点，以实现科技资源配置的社会最优化。即从实际上来看，"政产学研"创新模式是一种以社会合作为基础的创新模式，它通过对主体之间的合作进行创新产生效应。现如今，这种创新模式已经被广泛应用并演化成其他新型模式，例如"政产学研"联盟、孵化器。

（1）支持"政产学研"联盟

"政产学研"联盟，即产业技术创新战略联盟，其参与主体有企业、大学、科研机构和政府组织机构。这一技术创新合作组织以具有法律约束力的契约为保障，基于企业自身的发展需求和各方的共同利益，目的是实现产业技术创新能力的提高，具有联合开发、优势互补、利益共享、风险共担等特征。战略联盟具有明晰的战略意图和目标；把技术创新作为目标是技术创新战略联盟的一大特征；处于更高层次的是产业技术创新战略联盟，其成立的目的是在产业层次中实现共性技术的研发和推广。产业技术创新战略联盟承载着产业发展的目标，通过调动和整合产业内部资源，合作研发，取得产业共性技术，并在联盟和全行业中推广，最终提升产业竞争力。

目前来看，"政产学研"合作创新方式，使合作领域和规模不断扩大，期限不断延长，从一次性的短期合作发展到长期稳定的合作关系。所谓一次性短期合作，指的是"政府把控、企业出题、高校和研究所攻关"；长期稳定的合作关系包含着共建企业技术工程中心、开放型实验室和联合经济实体等多种形式。"政产学研"之间的合作主要体现在经济实体的共建，针对核心企业、中小企业配套的产业链体系，以及科技资源服务于企业创新主体三个方面。

（2）加强孵化器的建设

在实践中，孵化器也衍生出了各式各样的类型，如高新技术创业服务中心、留学人员创业园、大学科技园、国际孵化器、专业技术孵化器、大企业内部的衍生孵化器、虚拟孵化器。孵化器的建设，需要从政策环境的制定、社会化服务网络体系的建立和健全、公共服务平台的建立和完善、人才支撑能力建设的强化、加大政府方面在创业企业上的供给资金等方面入手。

2.2.5 开放式全面自主创新模式

自20世纪90年代以来，知识和资本的全球化带来了企业从封闭式自主创新向开放式自主创新的转变。封闭式自主创新，其核心技术是在企业控制严格的内部实验室进行的。然而，随着信息技术的发展，原有的内部控制因为知识和信息的扩散而变得"难以控制"。企业如今的竞争优势往往通过对其他人的研究或发明进行参照而获取，进而进行原创性的自主创新。开放式自主创新是通过对企业内部和外部的资源进行均衡协调而生成创新思维，不仅在传统的产品经营上基于创新的目标，而且采取一些积极的措施来把商业化创新思想变为现实，促成产业化，即寻找外部的技术特许、技术合作、战略联盟或者风险投资等合适的商业模式。诸多因素都会对开放式创新产生重要影响，例如，在信息化和全球化背景下，拥有熟练技能的人力资源的易获得性和流动性、风险投资市场的兴起、外部思想的可用性以及不断增强的外部供应商能力等。

在开放式创新背景下进行创新，无论是充分利用企业内部资源，还是在企业外部寻找创新源，抑或寻找恰当的商业模式实现创新，只要企业掌握了这些创新活动的所有权与控制权，就可自然而然地过渡到开放式自主创新。开放式自主创新的创新来源可以是公司内部，也可以是公司外部，甚至可以反向从公司内部或外部走向市场。封闭式自主创新与开放式自主创新是有本质区别的、封闭式自主创新不仅更看重内部的思想层次，而且强调通向市场的途径；而开放式自主创新一方面不忽略后者的过程，另一方面将获取外部思想、通向市场的途径两者放在同一重量级上。喻登科和张婉君（2022）[18]指出，相较于封闭式自主创新，开放式自主创新对企业组织知识的管理能力提出了更大的挑战，主要包括跨界合作、知识保护等方面的能力，选择开放式自主创新模式的企业也更加需要具备跨组织发挥自身影响力的能力，这有助于其营造良好氛围，吸引跨组织合作以及处理合作中的矛盾。

开放式全面自主创新模式有三种。第一种为传统大企业所采用的模式，即产业价值链模式,主要通过企业对知识产权管理的方式来获取利润,具体而言:一是在有关领域范围内,企业有开放性的技术标准存在;二是通过研究企业的价值链,将创新所得的成果出售给别家企业。第二种为企业主要依靠自身的内部自主创新,并在此基础上充分利用外部创新所带来的成果。创新主体能够获得成功的关键体现在以下两个方面:一是创造了很多项目,将外部技术内部化;二是利用风险投资基金来扩大企业原来的市场份额,具体做法是通过风险投资基金向新创立的小公司进行投资。以上两种措施,除了能够建造一批松散的机构,还能够将内部实验室和外部研究机构两者有机地结合起来。第三种模式可分为以下两个步骤:首先是企业自身进行内部创新,将内部创新的之后的知识和成果向外扩散,即传播到其他企业甚至其他行业;然后利用外部风险组织,达到构建新商业模式的目的。

2.3 企业自主创新政策对企业创新效率的影响

2.3.1 企业自主创新政策相关研究

Guerzoni 和 Raiteri(2015)[19]从政策工具角度出发,将创新政策分为三类,即供给政策、需求政策和环境政策;徐喆和李春艳(2017)[20]将创新政策的目标划分为鼓励基础研究、鼓励科技成果转化和鼓励完善创新系统;袁胜军等(2020)[21]将创新政策分为直接政策、间接政策与环境政策。自主创新政策的两个立足点,一是不同国家,二是不同地区,且政策的设计重点在于企业的自主创新,所以政策的设定往往具有三个特征,即针对性、科学性、可行性。自主创新包含于技术创新,自主创新的内部含义也是由技术创新一步步延伸出来的。所以,自主创新政策含有一些技术创新所特有的概念,因此寻求技术方面的突破与技术方面的创造成为自主创新所要达到的目的。企业自主创新政策包含了自身的

系统、系统内各个元素之间的相互作用,从而建造成为系统的组织结构。具体包括以下五点特征:

第一,政策体系比较完整。陕西省自主创新政策的主要内容是在遵循我国《实施〈国家中长期科学和技术发展规划纲要(2006—2020年)〉的若干配套政策》中所涉及的自主创新政策的基础上,结合陕西省企业自身情况因地制宜地制定有关政策条款,全面涵盖了有关支持企业创新的优惠条件和支持手段。陕西省自主创新政策包括八个方面的内容:①科技投入政策,鼓励企业加大对科技研发的投入力度;②税收激励政策,政府通过对企业税收的优惠和减免激励企业自主创新;③金融支持政策,加大为企业科技投入提供资金贷款和信用保险的力度;④政府采购政策,为了提高企业在自主创新的积极性,相关政府的具体措施是,购买企业研发的科技成果;⑤引进消化吸收再创新政策,促使企业通过模仿或引进先进技术提高自身自主创新产出效率;⑥创造和保护知识产权政策,进一步提升对企业研发知识产权的保护力度;⑦人才队伍政策,鼓励企业扩大和加强科研人员的引进和培养;⑧科技创新基地与平台政策,通过建设企业创新基地与平台,推动企业之间对技术、培训等方面的交流、推广。

第二,最大限度地利用政府与市场之间的协同作用,激发企业进行自主创新的积极性。在具体政策条款中,可以明显看出,在对企业的科技投入方面,政府主要通过税收优惠、金融支持以及产学研结合等方式进行支持,只有政府采购政策属于政府完全直接参与。在这种情况下,往往需要先对市场进行调控,政府的政策性支持才能够得到凸显,例如,政府对企业研发投入方面实行的税收优惠政策,往往是依据企业研发所投入资金的1~1.5倍扣减税款,这样就激发了企业研发投入的积极性,因为税收优惠使企业投入越多,收益也会越大。

第三,对知识产权的保护更加重视,同时也净化了企业进行创新的环境。因为知识产权不仅是企业的重要法宝,也是国家的重要法宝,更是企业竞争优势的核心所在。所以,对于知识产权的创制、运用以及保护,国家和企业都出台了比较完备的对策。陕西省自主创新政策通过建立专门的机构和队伍进行知识产权信息查询、分析,制定相关策略,以优化技术创新路线,从而避免侵权;同时,广泛地开展知识产权信息利用的宣传和培训，以及重视知识产权信息服务人才的培养，为保护企业自主创新知识产权提供了完善的应对措施。

第四，将人才的培养放在突出位置。自主创新政策对建设人才队伍有较为完善的规定：一是鼓励企业针对内部知识产权建立完善的治理方案，按照法律要求，清晰划分职务技术成果与非职务技术成果两者之间的区别；二是鼓励企业把重心往研发人员这边靠，如以协商的方式来确定工资；三是企业实现科技成果转化后的利润按照关键研发人员对成果的贡献度并依据规定将一定百分比的股权（股份）售给科研人员；四是积极引进海外创新人才；五是改革和完善科研单位人事制度。

第五，加大与研究所、高校合作的支持力度。企业自主创新具有知识密集性，需要与研究所、高校等一些知识密集型机构进行合作，从而用先进的理论知识做支撑；陕西省是科技大省，大多数科研院所集中在省会城市西安。陕西省制定的自主创新政策中对加强企业与科研院所和高校的合作作了一系列规定，包括强调重视科技人员和高技能人才的培养、吸收和引进，政府对产学研联合开展消化吸收和再创新的支持等。

2.3.2 企业创新效率相关研究

企业创新对于企业自身及地区发展都有着至关重要的作用，企业创新效率是企业创新情况最直观的体现：通过对创新效率的评价，分析企业创新的长处与短板，加以总结后成为提升企业在未来时期的创新和创造能力的实践教材，因此对企业创新效率评价具有重要意义。

当下，关于技术创新效率的研究，大多聚集在企业、区域与行业之间，切入点也比较新奇，衡量的方法也很多，西方学术界普遍使用非前沿分析方法（Non-frontier Analysis）和前沿分析方法（Frontier Analysis）来测度效率高低。其中，利用前沿分析方法来衡量效率，是计算某一待考察单位对效率前沿面的偏离程度，这种方法又包含两种方法：参数方法和非参数方法。随机前沿分析法（Stochastic Frontier Approach，SFA）是一种较为常见的参数方法，它的主要思路是首先确定资金等的数学形式,或投入产出关系,在满足一系列条件的情况下计算出结果,例如,曹泽等(2015)[22]运用参数型 SFA 方法,动态分析了我国建筑企业技术创新与生产效率的内在联系。

如今,使用最普遍的方法是数据包络分析(Data Envelopment Analysis,DEA)法,它是一种由 Charnes 等(1978)[23]提出,Banker 等(1984)[24]以相对效率概念为基础,并加以扩散,从而快速发展起来的非参数方法。这种非参数方法计算效率的方式是:以被评价指标为单位形成决策单元(Decision Making Unit,DMU),根据决策单元来计算效率。若投入产出的相对效率即生产效率最大,则相对效率值为 1;若 DMU 不在前沿面上,则生产无效;与前沿面的距离越远,其相对效率值越小,越接近于 0。非 DEA 有效或弱 DEA 有效的原因及应改进的方向和程度可用投影方法指出。

国内学者对 DEA 方法的研究和使用较早。魏权龄等(1991)[25]在 20 世纪 90 年代利用 DEA 模型确定生产前沿面的方法,对技术进步相关方面进行测算,并对技术进步与规模报酬之间的关系进行研究。此外,DEA 还被用作对效率及经济效益之间关系的研究。例如,魏权龄等(1990)[26]运用 DEA 的方法对纺织工业部系统内的企业经济效益进行计算评价。后来,朱乔等(1991)[27]利用 DEA 方法确定了生产的成本与收益之间的关系模型,并分析了如何使投入与产出的组合效率最小化的问题;他们还针对创新效率的预测模型进行了研究。在此基础上,吴文江等(1996)[28]从弱 DEA 及其有效性等方面对预测问题进行了深入的探讨。盛昭瀚等(1996)[29]还将 DEA 方法应用于区域国民经济预警系统。迟旭等(1995)[30-31]对利用 DEA 方法分析生产问题进行了讨论,并对相关问题的研究范围进行了拓展,讨论了多个要素与生产过程之间的关联关系。

当前,国内对于企业创新效率评价的研究已较成熟。刘艳春等(2013)[32]利用主成分分析与 DEA 两种方法对我国 31 个省份的技术创新效率进行了综合评价,同时对其产生不同结果的原因进行了分析并提出改进方法。他们得出的结论是,当前各地区的大中型工业企业普遍存在效率不高、投入不足等问题。朱孟涛利用数据包络分析对我国东部、中部及西部地区 30 个省份的技术创新进行了评价，认为中国大中型工业企业技术创新效率位于中下游，自东往西各地区的技术效率是从高到低的顺序。乌兰伊茹（2013）[33]运用 DEA 方法，测度了西部地区的大型和中型工业企业的技术创新效率，计算结果显示，西部地区 8 个省份的大型工业企业技术创新效率 DEA 有效，7 个省份的中型工业企业技术创新效率 DEA 有效，云南和甘肃两省的大中型工业企业技术创新效率均相对无效，建议西部地区的大中型工业企业加大技术创新投入力度、强化优势产业的人才引进和培养、发挥市场机制以促进技术创新和增强自身自主创新能力。李宏宽等（2020）[34]运用 DEA 模型评价了我国集成电路产业技术创新效率，发现研发人员数量、研发费用支出是主要影响因素。

2.3.3　企业自主创新政策与企业创新效率的关系

自主创新政策的主旨和目的，是增强企业在创新方面的能力，其提升的关键方式即增加对企业创新的投入；其中所指的投入既包括人员、资金、设备、时间等要素，也包括对生产要素、创新环境及支撑企业创新服务机构的设立与监管，从而为企业实现良好的创新提供完善的必需条件。自主创新政策对企业创新效率的推动作用往往从两个方面实现：一是政策的制定、实施过程；二是自主创新政策的体系及具体政策内容。

政策的制定、实施过程，统称为政策过程。事实上，一项政策从无到有需要经过多道程序，政策的制定首先是由于出现了相关问题，政府有关部门需要借助政策的力量予以解决与革新；在此基础上，先就出现的问题进行分析，针对问题本身制定政策及具体实行措施，政策制定后对政策内容的必要性、可行性、科学性等进行确认，在确定政策确实能够为政策目标解决实际情况的基础上执行政策。在执行政策的过程中，还要注重对政策执行及其力度的保障。另外，还可以通过完善政策执行的评审方式及激励措施对政策执行者执行政策的行为进行有效的评估与监督。

自主创新政策包含科技投入政策、税收激励政策、金融支持政策、政府采购政策、引进消化吸收再创新政策、创造和保护知识产权政策、人才队伍政策、教育与科普政策、科技创新基地与平台建设政策。孙晋众等（2013）[35] 探讨了我国地方财政科技投入模式及引导作用机制，认为我国地方财政投入的模式不断转变，强度不断提升，逐渐演变成无偿资助、偿还性资助、政策扶持等方式；其中，政策扶持方式包括金融支持、政府采购和税收优惠。针对企业的自主创新政策主要包含以下五个方面：科技投入政策（原长弘等，2013[36]；韩笑，2013[37]）、税收激励政策（杨杨等，2012[38]；李晓嘉，2010[39]）、金融支持政策（刘悦男，2013[40]；余露，2003[41]）；Rajan 和 Zingales，1998[42]；王栋等，2019[43]）、政府采购政策（孙晓华等，2009[44]；殷亚红，2013[45]；Geroski，1990[46]；王淑云，2007[47]），以及引进消化吸收再创新政策（罗豫等，2012[48]；徐倩等，2010[49]）。这五项政策为企业实现自主创新提供了有效的资金获取途径，使企业的融资难问题在一定程度上得到了解决。

本章小结

本章首先对企业自主创新的内涵、体系构成、分类、创新政策和创新效率的相关概念进行界定，其次对不同自主创新的模式及路径进行阐述，最后针对企业自主创新政策对企业创新效率影响的相关文献进行梳理，完善了本书的理论支撑。通过对企业自主创新的分类、自主创新政策的体系与作用机制的相关文献进行梳理发现，国内外对企业自主创新政策的分类、自主创新政策的体系与作用机制的研究散见于专家学者的文章中，尚未形成共识；并且国内外研究的侧重点有所不同。同时，经过分析研究发现，在国内外现有的研究中，对企业自主创新模式、自主创新能力的评价及影响因素做了宽泛而深入的研究，但对企业自主创新的分类及自主创新政策的体系与作用机制的研究尚不充足。此外，现在大部分研究集中在关注企业自主创新政策定性分析问题上，对企业自主创新政策的定量研究相对较少。

本书以陕西省为例，在构建自主创新政策模型，以及企业自主创新效率概念模型的基础上，通过实证研究得出前者与后者的关系路径，并针对不足之处提出建议。具体来说，将自主创新政策作为切入点，本书不仅研究了陕西省企业自主创新政策的现状，还研究了陕西省多家企业创新的发展现状，认识到企业自主创新及创新政策存在的问题，提出了陕西省企业最优自主创新的模式；同时，本书对陕西省各具体政策与企业创新效率的关系进行了实证研究，基于此，确立了陕西省企业自主创新政策的体系，并提出了相应政策实施的保障措施。在指标选择中，自主创新政策的指标选取基于实际问卷以及相关文献，其中政策执行的保障主要是针对政策执行监督进行设计的，通过问卷设计了解执行监督情况对政策有效执行所起的作用，这样的研究方法在国内外的研究中并不多见，且该视角也更为全面，能够很有效地反映陕西省企业自主创新的问题，所搭建的体系也更加适合陕西省企业的发展。

3 陕西省企业自主创新政策及企业创新现状分析

3.1 陕西省企业自主创新发展状况分析

陕西省企业不仅在数量上有较强的优势，而且行业的类别也比较丰富，特别是这些年国家出台了多项政策以支持科技创新，使陕西省的通信装置、计算机及其他电子产品制造业，医药制造业，航空航天制造业，能源化工工业，装备制造工业近年来均表现出较快的发展势头。西安市、宝鸡市、榆林市等多个重要城市建立了高新技术产业开发区，这为全省企业的创新与发展创造了良好的环境与契机。本部分主要从企业自身的基础情况、企业自主创新投入的情况、自主创新生产的产出现状、自主创新所处的环境状况以及陕西省企业自主创新模式选择概况五个方面对陕西省企业自主创新发展状况进行分析。

3.1.1 企业的基本状况

陕西省是我国中西部地区的经济、贸易、教育和文化中心，同时也是我国重要的科研、高等教育、国防科技工业和高新技术产业基地。陕西省的综合科技实力居全国前列，并且大部分科技资源集中在省会城市西安。近年来，陕西省对西安市科技创新能力的发展非常重视，把它放在了全省发展的重要位置，充分利用西安局部地区的科技资源优势，以西安为陕西省经济的中心点，向外辐射逐步带动周边地区的发展；同时，陕西省根据国家政策，通过创建高新技术产业区的方式推动西安经济的发展。目前，西安高新区已表现出一定的以企业为主体的高新技术研发规模。陕西省高新区的建立，不断地激发本区域创新意识，在充分利用当地现有资源的基础上开拓出一条具有当地特色的产业化道路，培育出一大批优秀的自主创新企业。陕西省大部分企业非常重视产品的研究开发与创新，为了加大对产品的开发力度，大多数企业通过购买专利、外聘、与高校合作等方式谋求企业创新发展。例如，陕西新迈贸易进出口有限公司、西安海图贸易有限公司等企业，每年都将企业销售收入的1/10投入产品研究设计。又如，咸阳际华新三零印染有限公司研究了一款新型迷彩服饰，这款新设计的服饰除了能够有效地抗辐射，还能够随着环境的变化而改变颜色，可以说，这项工艺技术在全球范围内都是领先的，因此它的价格也随之高涨，在原来价格的基础上提高了9倍。

在国家政策的引导和当地政府的大力支持下，陕西省内的国有企业的改革与发展也获得了快速发展，综合实力得到了大幅提升。例如，延长石油集团、煤业化工集团、有色金属集团、陕汽集团、秦川机床集团、法士特集团、陕西医药控股集团、陕西能源集团、陕西燃气集团、金融控股集团等一大批企业的快速发展得益于国有企业的深化改革和兼并重组，目前这些企业已成为陕西省工业发展中最活跃的部分，并且带领着陕西省其他企业更好地实施"走出去"战略，不断地推进产业整合和集群发展，为陕西省发展循环经济做出了突出贡献。在2019年发布的中国企业500强排行榜中，陕西省8家企业入围，这是陕西省上榜企业最多的一次。2018年，陕西省规模以上工业企业有6426个，规模以上工业总产值达25192.36亿元，主营业务收入为23060.35亿元，利润总额为2436.27亿元。八大工业支柱产业（通信设备、计算机及其他电子设备制造业，能源化工工业，装备制造工业，医药制造业，食品工业，纺织服装工业，非金属矿物制品业，有色冶金工业）的主要经济指标如表3-1所示。

表 3-1 2018年陕西省八大工业支柱产业主要经济指标　　　　单位：亿元

行业	企业数（家）	工业总产值	资产总计	主营业务收入	利润总额	全部从业人员年平均人数（人）
合计	6426	25192.3609	32432.48	23060.35	2436.27	1467767
八大工业合计	5900	24246.265	31737.967	22181.0678	2425.2572	1387583
八大工业占全省比重（%）	91.81	96.24	97.86	96.19	99.55	94.54
通信设备、计算机及其他电子设备制造业	148	887.1529	1391.4375	730.1772	120.1657	52907
能源化工工业	1491	10264.6051	19934.7409	9709.1563	1493.0813	547765
装备制造工业	1398	4920.8118	4658.7377	4306.4873	239.6342	320743
医药制造业	208	769.6009	652.9879	628.7373	105.7398	45286
食品工业	1265	2925.4502	1548.8532	2547.4278	179.2908	162238
纺织服装工业	210	407.758	247.6619	379.7622	32.5223	50001
非金属矿物制品业	778	1452.7597	1123.436	1341.2304	112.4493	91068
有色冶金工业	402	2618.1264	2180.1119	2538.0893	142.3738	117575

资料来源：2018年陕西省国民经济和社会发展统计公报。

从表3-1可以看出，在陕西省的八大支柱产业中，能源化工工业的各项经济指标都排在第一位，可见，能源化工工业是陕西省八大支柱产业中的第一大产业。其余七大产业主要经济指标的排名不一致，例如通信设备、计算机及其他电子设备制造业，虽然企业数是八大支柱产业中最少的（仅有148家），但其工业总产值、资产以及主营业务收入及利润总额在八大支柱产业中不是最低的，所以陕西省对八大支柱产业要协调发展、均衡发展。

3.1.2　企业自主创新投入状况

国家统计局相关数据显示，2018年规模以上工业企业R&D人数为5.69万，规模以上工业企业的R&D人员全时当量为3.93万人年；R&D经费内部支出数532.42亿元，其中，来自企业自身支出经费为239.97亿元，占经费支出总额的45.07%。另外，规模以上工业企业R&D项目数为4470项，项目人员全时当量为3.57万人年，项目经费内部支出为216.55亿元。截至2017年，陕西省有各类科技机构1481个；2017年，陕西省R&D经费内部支出共计460.94亿元，其中企业资金为210.88亿元，占资金总额的45.75%，高新技术产业经费支出额为83.51亿元。2016年，陕西省科技活动人数为27.52万，2015年科技活动人数为24.17万，陕西省R&D人数为6.61万，其中大中型企业R&D人数两者之和为5.63万。

陕西省的科技资源分布较为广泛，高新技术产业开发区分布在西安、宝鸡、杨凌、渭南、咸阳以及榆林等地区，高新技术产业的发展为全省的经济和技术进步提供了良好的环境；同时，它又在陕西省的科技创新中发挥着主导作用。截至2018年，陕西省规模以上工业企业主要经济指标情况如表3-2所示。

表3-2 2014—2018年陕西省规模以上工业企业主要经济指标

年份	企业数量（家）	平均用工人数（人）	总产值（亿元）	主营业务收入（亿元）	利润（亿元）
2014	5017	1547285	20015.88	18622.14	1846.98
2015	5350	1570640	20333.98	18823.01	1412.41
2016	5799	1551476	21837.61	20110.64	1550.02
2017	6208	1532748	23825.18	22090.99	2238.04
2018	6426	1467767	25192.36	23060.35	2436.27

资料来源：2018年陕西省国民经济和社会发展统计公报。

从表3-2中可以看出，2014—2018年，陕西省规模以上工业的企业数量、平均用工人数、总产值、主营业务收入、利润指标呈波动趋势。其中，就企业数量这一指标来说，总体上是呈现上升趋势的，尤其是2016年比2015年增加了449家；2017年比2016年增加了409家。陕西省高技术企业的数量增长趋势也与之类似，其中，2016年增长速度最快，相较于2015年，陕西省2016年高技术企业增加了50家。规模以上工业企业平均用工人数有增有减，2014—2015年以1.5%的速度上涨，从2015年开始处于下降趋势，尤其是2017—2018年以4.2%的速度下降。产业总产值逐年增长，增长速度有所提高，2016—2017年的增长速度最快，增长了1987.57亿元。主营业务收入与总产值的增减情况几乎同步。

近年来，2017年规模以上工业企业的主营业务收入增长速度最快，速度达到9.85%，增长了1980.35亿元。相较于2014年，2018年增长速度为23.8%，增长了4438.21亿元，相较于2014年，2018年高技术产业的主营业务收入增长了72.6%。2014—2018年，陕西省规模以上工业企业的利润除2015年相较于2014年有所下降外，其余年份均处于上涨趋势，尤其是2017年呈突破式上涨，速度达到44.39%。

陕西省高技术产业R&D人员情况如图3-1所示。

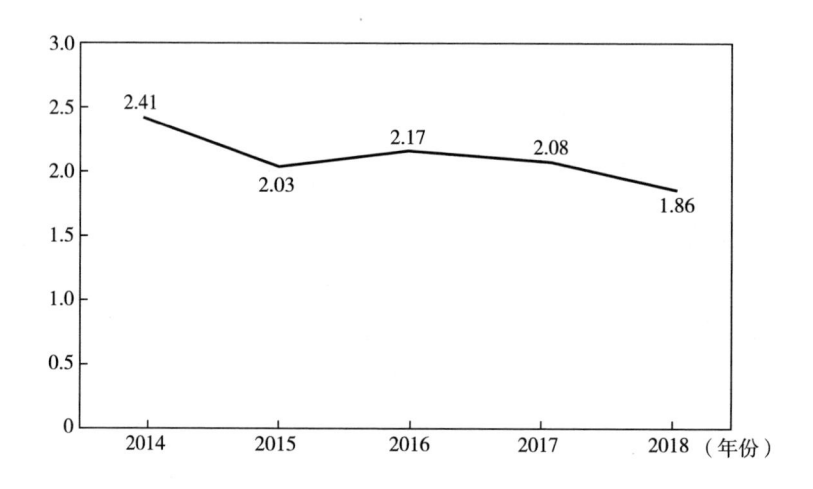

图3-1 2014—2018年陕西省R&D人员情况

资料来源：陕西省第四次全国经济普查公报。

从图3-1的折线图可以看出，陕西省2014—2018年高技术产业R&D活动人数每年以不同的速度在变化：2014—2015年以15.77%的速度在下降，2015—2016年以6.9%的速度增长，2017年的下降幅度稍微减少，下降速度为4.15%，2018年的R&D人数下降到了2014—2018年的最低值。可见，陕西省的R&D人数在2014—2018年有增有减，2016—2018年处于下降趋势。

表3-3显示了陕西省高新技术各类经费支出情况。

表3-3 高技术产业各类经费支出　　　　　　　　　　　单位：亿元

年份	技术改造经费支出	购买国内技术经费支出	消化吸收经费支出	技术引进经费支出	新产品开发经费支出	R&D经费内部支出
2014	27.46	1.04	0.03	0.14	79.16	67.44
2015	22.72	0.37	0.05	0.35	79.50	76.89
2016	18.02	0.64	0.03	0.39	89.54	83.76
2017	15.94	0.78	0.03	0.11	92.42	84.01
2018	12.49	1.05	0.0003	0.78	96.36	81.26

资料来源：陕西省统计局。

从表3-3可以看出，R&D经费内部支出在2014—2017年处于上涨趋势，2018年小幅下降；新产品开发经费支出在2014—2018年呈现增长趋势；技术改造费用支出表现为逐年递减的趋势；购买国内技术经费支出、消化吸收经费支出、技术引进经费支出同另外的三项相比，基本没发生变化。另外，购买国内技术改造经费支出、消化吸收经费支出、技术引进经费支出这三者的支出金额在1亿元左右甚至小于1亿元。从表3-3中还可以看出，在每年的经费支出中，新产品开发经费投入得最多，而消化吸收经费每年投入最少。

3.1.3　企业自主创新产出状况

陕西省统计局数据显示，陕西省规模以上工业企业新产品开发项目数在2018年达到了6103项，其中新产品开发经费支出和新产品销售收入分别达到了235.06亿元和2033.37亿元；从自主知识产权来看，发明专利为4436件，企业专利申请数共计10182件。陕西省高技术产业在2018年稳步且较快地增长，工业增加值的增长率为14.2%，较2017年加快0.3个百分点，保持了"十二五"的发展态势，进一步优化升级了产业结构，不断提高了核心竞争力。以西安高新技术产业开发区、西安经济技术开发区、西安航天基地、西安阎良航空基地、宝鸡高新区、杨凌示范区等国家级开发区（产业基地）为代表的高技术产业集聚区，年均增长率突破了30%。近年来，西安高新技术产业开发区在企业数量、从业人员数量以及企业创新收入方面都处于领先地位，达到了3000多家的企业、

30多万的从业人员数量,其2016年的营业收入达到1.36万亿元,实现了地区生产总值(GDP)11.9%的增速。而杨凌、宝鸡等地的开发区与西安开发区的较大差距在规模和收益上均有所体现,只有榆林高新技术产业开发区有着较高的发展水平。宝鸡高新技术产业开发区、咸阳高新技术产业开发区、渭南高新技术产业开发区、杨凌农业高新技术产业开发区的发展水平次之,并且发展水平差不多,各有其自身的优势。咸阳高新技术产业开发区拥有着较多的企业;渭南高新技术产业开发区则在四个方面均占据着很大优势,即从业人员、工业产值、收入、净利润。

要想更好地表现出陕西省规模以上工业企业新产品产值的变化趋势,需要统计2014—2018年的数据。从图3-2可以看出,2014—2018年,新产品产值在2014—2015年下降了8%。2015年,我国制定了《中国制造2025》,在此基础上,陕西省结合自身实际,进一步推动工业企业的转型升级。自2015年以后,陕西省规模以上工业企业新产品产值出现了较快的增长。2016—2018年分别以33%、27%和17%的增速在增长,新产品产值达到2299.11亿元。

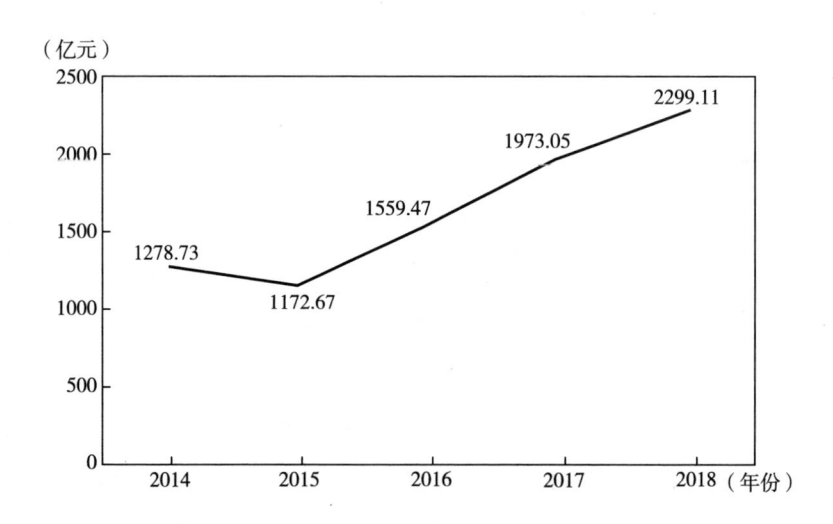

图3-2 2014—2018年陕西省规模以上工业企业新产品产值

资料来源:陕西省政府发布的2018年全省规模以上工业经济效益分析。

从图 3-3 可以看出，2014—2018 年新产品销售收入的变化分为两个阶段：2014—2015 年的下降阶段，2015—2018 年的增长阶段。其中，2016 年和 2018 年这两年平均以 19% 的速度在增长；2017 年增长速度较快，以 38.69% 的增速在增长；2018 年新产品销售收入增长相对于 2017 年来说增长有所下降，可见，陕西省企业科技成果转化效率需要进一步加强。2018 年，高技术产业主要行业科技活动产出指标的最大值与最小值及其所对应的行业名称如表 3-4 所示。

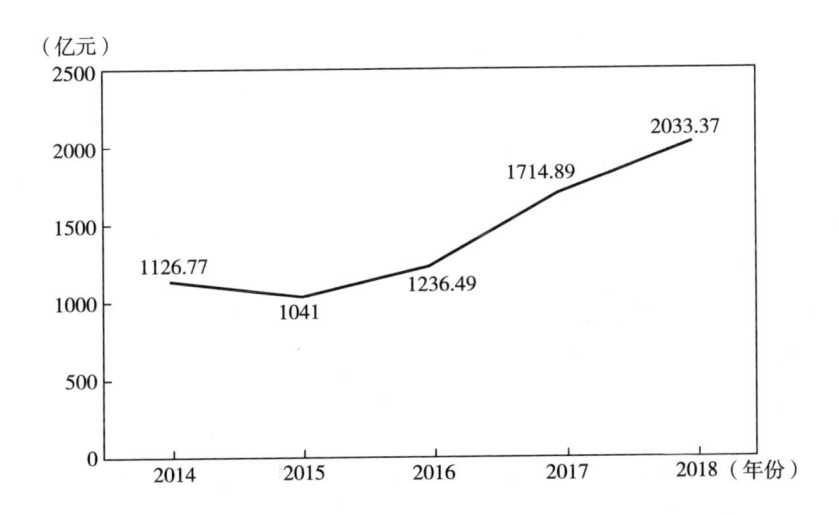

图 3-3　2014—2018 年陕西省规模以上工业企业新产品销售收入

资料来源：陕西省第四次全国经济普查公报。

表 3-4　2018 年陕西省高新技术产业主要科技活动产出
指标最大值与最小值及其所对应的行业　　　单位：亿元

指标	最大值	产业名称	最小值	产业名称
新产品开发经费支出	34.7793	电子及通信设备制造业	0.2035	计算机及办公设备制造业
新产品销售收入	86.1050	电子及通信设备制造业	1.1564	计算机及办公设备制造业

资料来源：陕西省第四次全国经济普查公报。

从表 3-4 中可以看出，2018 年，陕西省几类重点研发性行业中各项指标均最高的是电子及通信设备制造业，计算机及办公设备制造业则成为指标最小值所集中的行业。其中，新产品开发经费支出最大值为 34.7793 亿元，是最小值（0.2035 亿元）的 171 倍；新产品销售收入最大值为 86.1050 亿元，是最小值（1.1564 亿元）的 74 倍。

由此可见，近年来，陕西省在企业科技创新方面获得了较好的成绩，不仅增加了产品开发经费支出和新产品销售收入，还增加和提高了自主知识产权方面的企业专利申请数以及新产品的产值，特别是陕西省高技术产业极大地推动了陕西省企业创新成果，促使建成了分布在全省多个城市的科技研发与创新基地，对当地企业及地区经济的发展起到了协助以及推动的作用；同时也积极推动全省科技总体实力的有效提升。

3.1.4 企业自主创新环境状况

（1）科技创新及研发环境

陕西省历来重视科技创新对全省经济的推动作用，在国家政策的支持、引导下，陕西省依照政策号召积极作为，在全省范围内激励创新活动的开展。另外，陕西省高校与科研机构众多。陕西省科技厅发布的数据显示，截至 2018 年，陕西省科技创新资源情况如下：科研机构有 101 所，高等院校有 589 家，规模以上工业企业有 519 家；全省有 76 所普通高校中，进入国家"985"工程和"211"工程建设院校分别为 3 所和 8 所，并拥有国家级大学科技园 4 家。这些数据都充分表明陕西省的科技创新与研发环境较好，研发设备和科技人员较为充足，拥有较为丰富的研发资源。与此同时，企业的自主创新也离不开政府通过政策性措施对企业进行的资助与补贴。陕西省创新势头的保持也充分依靠其拥有的地理位置优势：陕西省作为西部地区大省，在金融商贸以及交通方面处于核心位置，不仅拥有较为丰硕的科技成果，这些科技成果有的来自科研、教育基地，有的来自许多进行科技研发的高新技术企业；而且对科技成果的转化较为有利，大多科技成果能够被采购或投入市场，可以被利用在相应的现实生活中。

（2）外部支撑及服务环境

近年来，由于电子信息产品制造业平稳快速发展、通信业务保持快速增长、软件业发展迅速、信息服务业迅速崛起等，使陕西省的信息化产业水平每年都以20%的速度快速增长，陕西省信息化水平目前已经取得了长足的发展；同时也促进了陕西省社会化服务水平的逐步提升。社会化服务体系的突出优势就是可以降低创新的风险和交易过程中的成本。企业的发展离不开各方面的支持：既需要政府提供金融、财政等相关政策方面的支持，又需要社会中介组织在教育培训、管理咨询、市场营销、技术开发以及法律方面的协助。

2013年1月24日，科技型企业的融资服务热线在陕西正式开通，"科技400热线"致力于为科技企业融资提供服务。它主要是依托省科技资源统筹中心，将汇总的科技型企业的融资需求信息进行统筹安排，根据一定的要求对这些融资需求信息进行专业的选择，再将其提供给金融机构，并对后续的对接过程进行跟踪。

在"科技400热线"开通的初期，就获得了多家银行的认可，国家开发银行、中国农业发展银行、中国建设银行、中信银行、中国光大银行、招商银行、浦发银行、中国民生银行、长安银行、北京银行等银行和省科技资源统筹中心签署了合作协议；之后成都银行、东亚银行等也陆续参与进来。这些银行向热线平台提供了约50项科技贷款产品，主要是为了解决科技型中小企业科技贷款难题，每个科技型企业可以根据自身情况选择不同的产品。这些产品适合的科技型企业类型包括注册期2~5年、年销售额在5000万元以下的企业。针对企业抵押质押物情况，可提供订单、知识产权质押，投贷联动，信用贷款等多种解决方案。"科技400热线"为科技型企业成功获得贷款不懈地努力着。

通过提高科技型企业的融资意识，拓展企业的融资渠道，可以更好地保障企业正常快速运转，为此，需坚持以服务科技型中小企业为宗旨，积极发挥中介机构的优势和力量。金融超市的出现是为了更好地促进并实现中介机构与企业之间的对接，因此需要金融超市不断强化服务意识、提高服务水平、创新工作思路，组织中介机构现场调研，与企业进行沟通，更好地了解企业所面临的科技金融问题并给出融资建议。"科技400热线"开通近半年来，先后对近500家科技型企业的金融需求情况进行了深入调研，并与有关金融机构、创新投资机构进行对接。2013年5月28日,"科技400热线"组织16家中介机构组团赴咸阳市清华科技园开展调研对接,各中介机构就其自身的业务特点以及服务范围进行了现场推介。此次活动共有20多家入园企业代表参加,它们就各自所关注的问题与中介机构进行了现场咨询。

3.1.5 陕西省企业自主创新模式选择概况

我国自主创新模式的类型主要有三种:一是原始创新,二是集成创新,三是引进消化吸收再创新。原始创新包括了两方面,即基础科学和前沿技术。原始创新为企业以后的创新发展打下了牢固的地基。原始创新包含首创性、突破性和带动性的特征,其中,首创性是其最根本的属性根据这些特征,企业以动员其所有部门开展研发(研发对象独立性),或者企业通过开辟已有原材料的来源、挖掘和运用更低成本的可替代材料、改进原材料的性能等创新活动途径(原材料的原始性)进行研发。这些都属于原始创新。

集成创新的核心是企业自身,主要目的是为企业提供各种各样有用的信息技术、管理技术与工具,对需要进行创新的元素及内部结构进行有效的选取、改进和整体合成,能够使企业占有更高的市场份额,从而获得更多的收益。集成创新与原始创新的根本区别在于:集成创新所使用的单向技术都是引荐而来,不是其自身创造的;而原始创新具有首创性。集成创新可以根据需要和要求对已经存在的单项技术进行集成,在此基础上产生之前未有的产品或者工艺品,这就是集成创新的创新之处。根据集成创新的"用户至上"、多元性、能动性和网络化的特征,企业可通过与研发机构、大学、政府合作,整合资源,集成各个创新技术,并与国内外企业组成集群式创新联盟,形成新知识新技术(研发对象的联盟);或者通过收集产品的不同原材料,整合并进行工艺创新和优化(原材料的集成)。以上都属于集成创新。

引进消化吸收再创新是最常见、最基本的创新形式,它是以已经存在的单项技术为基础的。引进消化吸收再创新与集成创新的区别表现在创新结果方面:经过集成创新之后会产生一个全新的产品,然而这种创新形式的结果表现为整条产品价值链上一个或多个重要核心环节的重大创新,是我国目前比较薄的环节之一;根据其特征,通过引进国内外先进技术,并分析借鉴再创新等创新活动所进行的研发属于引进消化吸收再创新模式。

2018年陕西省企业自主创新模式概况如表3-5所示。

表3-5 2018年陕西省企业自主创新模式概况　　　　　单位:%

行业类别	引进消化吸收再创新 重要	比较重要	不重要	集成创新 重要	比较重要	不重要	原始创新 重要	比较重要	不重要
电子信息	45.71	36.43	17.86	70.89	23.18	5.93	57.66	32.85	9.49
生物医药	63.64	18.18	18.18	80.33	16.39	3.28	70.83	25.00	4.17
新材料	61.54	23.08	15.38	92.96	7.04	0.00	78.57	21.43	0.00
光机电	58.49	26.42	15.09	65.49	26.76	7.75	44.44	42.59	12.96
新能源	63.33	13.33	23.33	66.67	27.16	6.17	72.41	24.14	3.45
环境保护	46.67	26.67	26.67	77.50	20.00	2.50	85.71	14.29	0.00
航空航天	28.57	42.86	28.57	40.00	60.00	0.00	50.00	50.00	0.00
总计	52.56	26.7	20.73	70.55	25.79	3.66	65.66	30.04	4.30

资料来源:《陕西蓝皮书:陕西社会发展报告(2018)》。

根据统计所得出的结果,选择原始创新模式的企业有59.77%,其中大多企业通过动员公司所有部门开展研发、开辟已有原材料来源的手段来实现创新。新材料、环境保护和其他高技术行业采用原始创新的程度较高,光机电一体化、非高技术和高技术服务业行业采用原始创新的程度较低。选择集成创新模式的企业有67.69%,其中大多企业通过与研发机构、大学、政府及其他企业合作,整合资源、集成技术、收集产品所需的原材料,进行工艺技术上的创新、挖掘和运用更低成本的可替代材料、改进原材料的性能等手段来实现创新。新材料、非高技术和其他高技术行业采用集成创新的程度较高,航天航空、创意产业和光电一体化采用集成创新的程度较低。选择引进消化吸收再创新模式的企业占48.93%,其中大多企业通过购买专利或许可、引进国内外先进技术,并分析和借鉴再创新的手段来实现创新。生物医药、新材料和新能源行业采用引进消化吸收再创新的程度较高，航天航空、电子信息和环境保护行业采用引进消化吸收再创新的程度较低。

3.2 陕西省企业自主创新政策现状分析

一直以来，我国都深刻意识到，自主创新在国家发展中能够起到关键性的作用。基于此，陕西省也陆续推出了自主创新政策，积极响应国家号召。陕西省政府出台的《关于支持实体经济发展若干财税实施措施的意见》中明确指出，科技型中小企业可以享受税前加计扣除税收优惠政策和政府 20 万元至 40 万元财政补贴。据了解，这是陕西省首次对科技型中小企业进行评估，并纳入财税补贴范围，给予了陕西省科技型中小企业资金支持。在陕西省颁布并于 2012 年正式实施的《陕西省科学技术进步条例》中，重点强调了对于企业自主创新的要求，例如，通过不断促进军民融合、兴建科技型园区、深化与工研院的协作配合、不断发挥政府采购在推动创新发展中的积极作用等方式，以及通过各种各样的渠道积极提升陕西省企业的自主创新能力。该条例还针对企业创新发展技术的进步做出了系统性的规定，例如，企业加大对研发方面的投入力度，积极施展作为研发主体应该具备的作用，从而达到技术创新的要求，生产出大批自主创新成果等；技术研发方面要扩大投入范围；陕西省企业应当按照国家和本省产业政策的相关要求，加快技术革新和设备更新，舍弃过时滞后的技术、设备、工艺、产品。

2020 年陕西省政府工作报告重点强调，未来，全省经济社会发展的总体要求及重点任务之一是坚持创新驱动发展。目前，省内支持自主创新的政策主要分为科技投入政策、税收激励政策、金融支持政策、政府采购政策、引进消化吸收再创新政策、创造和保护知识产权政策、人才队伍政策、科技创新基地与平台政策八项政策，从科技投入、财政激励、金融支持以及基地平台建设等不同方面提出了能够切实提高企业创新能力的具体方案。近年来，在当地政府相关部门的支持、引导下,均显著地提高了企业自主创新能力。

3.2.1 科技投入政策

陕西省政府一直对企业在科技研发方面的投入予以高度重视,为了响应国家的号召,省政府连续制定了皆非陕西省政府制定多项详尽的通知管理细则,其中主要包括相关预算的编制与实施、完善财政投入的框架结构、提高财政资金的利用效率、改良财政科技投入管理与服务质量等方面的内容,全力支持和指导企业的自主创新,明确相关的国家科技研发项目与企业重大科技需求密切联系,探索不同形式相结合的新制度,了解企业创新的需求所在,开展重大产业共性技术、关键技术的研究开发与示范应用,促进企业更好地实现自主创新。

陕西省2014—2018年的科技活动经费投入情况如表3-6所示。

表3-6 2014—2018年陕西省科技活动经费   单位:亿元

指标	2014年	2015年	2016年	2017年	2018年
R&D 经费支出	366.8	393.17	419.56	460.9	532.42
占 GDP 比重(%)	2.07	2.18	2.19	2.10	2.18
全省地方财政科技拨款	44.86	57.28	62.01	79.34	87.22
占全省地方财政支出比重(%)	1.13	1.31	1.41	1.64	1.64
省级地方财政科技拨款	13.58	14.58	13.86	11.36	12.68
占省级地方财政支出比重(%)	1.51	1.50	1.74	1.17	1.43

资料来源:2014—2018年陕西省科技投入统计公报。

从表3-6中可以看出,2014—2018年,陕西省科技活动经费投入中R&D经费支出、全省地方财政科技拨款、省级地方财政科技拨款三项指标均不断增加,年均增长率为10%左右。其中,2018年R&D经费支出为532.42亿元,比2017年上涨了15.52%。2014—2018年,全省地方财政科技拨款共330.71亿元,总额大幅度增加;其中,2018年拨款87.22亿元,较上年上涨9.93%。2014—2018年,省级地方财政科技拨款共66.06亿元;其中2018年拨款12.68亿元,较上年上涨11.62%。

据统计，2018年陕西省R&D经费支出达532.42亿元，R&D经费投入强度（与地区生产总值之比）达到2.18%，成为超过全国平均水平的8个省份之一。

3.2.2 税收激励政策

我国在陆续出台了和企业自主创新税收相关的政策，其中有《科技开发用品免征进口税收暂行规定》《关于调整企业所得税工资支出税前扣除政策的通知》《关于落实加快振兴装备制造业的若干意见有关进口税收政策的通知》《财政部国家税务总局关于高新技术企业境外所得适用税率及税收抵免问题的通知》《关于技术先进型服务企业有关企业所得税政策问题的通知》等，涉及企业研发设备加速折旧、高新技术企业税收优惠、企业职工教育经费税前扣除、企业研发费用累计扣除等。这些政策具有实质性的意义，同时对于不同类型的科技型企业，如高新技术企业、装备制造型企业等也有与之对应的税收激励政策。

税收激励政策意义重大。税收激励政策不仅增大了企业自主创新投入在所得税抵扣方面的力度，完善企业发展的相关税收激励政策，准许企业加速计提开发仪器设备的折旧，而且允许企业按照当年实际产生技术开发费用的150%来抵扣当年纳税所得额。再者，针对不同企业开发的仪器和设备，税收激励政策的规定也有所区分：对于30万元以下规模的企业开发仪器和设备可以不再提取折旧；30万元以上规模的企业不仅要加速计提折旧，还需要报主管机关备案。

在国家高新技术开发区内创办企业须经过严格的认定，通过后可按国家规定在前两年内享受免税待遇，两年后按照15%的税率缴纳税款。另外，政策中规定，对符合国家要求的企业、工程中心等，对其原材料、重点项目、专项计划、进口产品等不征收增值税。

3.2.3 金融支持政策

陕西省重点关注金融支持对于企业自主创新所起的作用，其采取多种手段促进金融对企业自主创新的支持。我国制定了《关于科技型中小企业创业投资引导基金管理暂行办法》《关于商业银行改善和加强对高新技术企业金融服务的指导意见》《关于中国进出口银行支持高新技术企业发展特别融资账户实施细则》《关于加强和改善对高新技术企业保险服务有关问题的通知》《关于印发〈国家开发银行高新技术领域软贷款实施细则〉的通知》等一系列金融支持高新技术企业发展的政策，陕西省政府也出台了《陕西省人民政府关于进一步促进科技和金融结合的若干意见》等金融支持政策，积极落实创业投资、科技银行、科技保险、知识产权质押类等；政策上重点照顾国家重大科技项目、国家开发行高新技术领域、高技术企业产品研发、关键设备研发等方面。

2012年3月，西北地区首家科技支行——长安银行高新科技支行挂牌成立，一年的时间就向超过30家的科技型中小微企业进行了超过3亿元的科技贷款投放。民生银行西安分行也向科技型中小微企业提供金融服务，例如，2017年民生银行西安分行为高新区科技型企业产业集群批量提供授信额度20亿元，同时在西安高新区共设立了3家支行。2013年1月，招商银行西安分行成立"千鹰展翼"支行，通过对组织体系不断进行创新建设、合理分配贷款数额上下限、完善相关方面的金融产品、推动"千鹰展翼"计划四个措施，帮助科技型中小企业进行协调创新发展；2017年，招商银行西安分行与西安市科技局一起推出了专门针对科技型企业的信贷产品——科技集合信贷，延长流动资金贷款期限至两年，凭借"科技+金融+共享"的政策优势助力陕西科技型企业全方位发展。民生银行和招商银行都设立了科技支行，设立的目的是积极响应陕西监管局的号召。截至2018年底，陕西省有7家商业银行已经设立符合《陕西银监局科技支行监督管理办法》的科技支行。

3.2.4 政府采购政策

陕西省通过对发明专利、创新产品等企业研发成果进行采购，充分发挥政府采购引导职能，激励企业创新，为企业进行自主创新的资金来源和经营效益等提供保障。有关采购的政策包括：《财政部关于印发〈自主创新产品政府采购评审办法〉的通知》《财政部关于印发〈政府采购进口产品管理办法〉的通知》《财务部关于印发〈自主创新产品政府采购合同管理办法〉的通知》《财政部关于印发〈国家自主创新产品认定管理办法（试行）〉的通知》《财政部关于印发〈自主创新产品政府首购和订购管理办法〉的通知》《关于印发〈自主创新产品政府采购预算管理办法〉的通知》等。这些政策对政府进行新产品采购、新技术推广使用等都做出了具体的规定。

针对政府采购对企业创新起到的扶持作用，陕西省制定了多项有效政策，既包括利用财政资金，对经过自主创新后创造的产品或者技术方案进行采购，还包括通过设定、评估和审核等一系列程序，对自主创新产品制定有关的倾斜优惠政策，实施有效的首次购买和后续订货方案等。在所有举措中，由省级与此有关的部门负责认定自主创新研发产品或技术，向国家进行上报；省财政厅获得相关的采购信息之后，结合预算控制，合理安排采购产品/技术的具体方案，实现产品/技术的采购。

政府在评审自主创新产品/技术时，需全面考虑影响自主创新产品/技术择优的因素。就应予重视的影响因素之一价格而言，除了将自主创新产品/技术的价格与其他产品或者技术之间的价格进行对比，还要从科技成分、市场竞争力等方面进行比较。在整个评比程序中，自主创新方面的评分比重应该在整体评分中有所增加。在省内自主创新产品/技术的政府采购政策中，也可以适当建立激励机制，加速自主创新，特别是针对第一次研发生产的产品/技术，政府有关部门要做到踊跃地援助与协助，在价格、市场等方面，应该尽量给予一定的优惠，从而达到扶持目的；但仍不能放松对产品/技术的质量控制，特别是对科技含量较高的产品/技术，政府更应进行严谨的审核，唯有在得到行政主管部门的认定之后，政府方面才能以自有资金引进该项产品/技术。

3.2.5 其他相关政策

（1）创造和保护知识产权政策

随着科技水平的较快升级，以及科技成果的增加，政府对保护企业的知识产权越来越重视，国家和陕西省相关部门也制定和印发了多项政策加以保护，包括

《科技计划支持重要技术标准研究与应用的实施细则》《关于提高知识产权信息利用和服务能力　推进知识产权信息服务平台建设的若干意见》《关于印发〈建立和完善知识产权交易市场指导意见〉的通知》《关于印发〈我国信息产业拥有自主知识产权的关键技术和重要产品目录〉的通知》《陕西省知识产权（专利）工作"十二五"规划》《陕西省人民政府办公厅关于印发知识产权战略推进计划（2011—2012年）的通知》等，涉及技术标准制定、技术转移实施、科技成果奖励、知识产权交易管理等方面的内容。2014—2018年，科技成果登记数量情况如表3-7所示。

表3-7　2014—2018年科技成果登记数统计

指标	2014年	2015年	2016年	2017年	2018年
科技成果登记数（项）	3015	3299	3407	3382	3218

资料来源：2018年陕西省科学技术成果统计公报。

由表3-7可以看出，2014—2018年，科技成果登记数量呈先增长后下降的趋势，由2014年的3015项增加到2018年的3218项，2016年达到最大，为3407项，但2017年及2018年数量连续下滑。此外，在全省范围内的科技成果登记数量中，高等院校的登记数相较于企业部门机构及研究机构来说最多，最多时可达到总数的51.44%，但数量从2015年开始连续下降。

（2）人才队伍政策

基于陕西省高校多、人才多这一特点，陕西省政府重点加强各类人才的培育建设，并推行一系列的优待政策，以吸引更多的优秀人才，推动自主创新发展。国家及陕西省针对这一方面的政策包括《关于表彰奖励高层次创新创业人才和企业创新平台的通知》、《教育部关于进一步加强引进海外优秀留学人才工作的若干意见》、《关于进一步激发人才创新创造创业活力的若干措施》、历年《陕西省人力资源和社会保障厅关于开展正高级工程师职称评审工作的通知》、《关于在重大项目实施中加强创新人才培养的暂行办法》、《关于企业实行自主创新激励分配制度的若干意见》、《中央企业负责人经营业绩考核暂行办法》、《中央科研设计企业实施中长期激励试行办法》、《中共陕西省委陕西省人民政府关于加强高层次创新创业人才队伍建设的意见》、《陕西省科技厅、省人社厅、省工信厅等关于印发〈陕西省优秀科技企业家评选办法〉的通知》等。这些政策从引进、培养、激励"科技新星"，引进、使用、激励科技专家，选拔、激励、评价政策等方面系统性地给引进人才提供了具体方向和原则。

目前，为继续贯彻《陕西省中长期人才发展规划（2010—2020年）》《中共陕西省委陕西省人民政府关于加强高层次创新创业人才队伍建设的意见》等建设高素质人才队伍的重要举措，陕西省持续研究相关政策，为打造高质量人才队伍、促进各地人才交流拓展了渠道，提供了便利。例如，2013年，陕西省开展了重点科技创新团队计划，"向中小企业选派首席工程师"工作极大地调动了科技人员服务于基层工作的积极性。2017年，陕西省贯彻落实"三秦之光"基层人才培养计划，面向科技等行业领域，计划5年选择1000名技术业务骨干，到省外相关单位进行为期1年的研修学习，并提供科研经费。

（3）教育与科普

企业进行自主创新，不仅需要资金、政策的支持，而且需要具备一定科技水平的科技人才，而科技水平主要体现在知识和科研水平两方面。因此，陕西省政府大力响应国家号召，通过制定多项教育与科普相关的意见或管理办法以激励企业进行自主创新。教育与科普相关的意见、管理办法包括《国家认定企业技术中心管理办法》《关于进一步推动科研基地和科研基础设施向企业及社会开放的意见》《关于促进国家高新技术产业开发区进一步发展增强自主创新能力的若干意见》《关于依托转制院所和企业建设国家重点实验室的指导意见》《关于印发科技企业孵化器（高新技术创业服务中心）认定和管理办法》《陕西省人民政府关于进一步加大财政教育投入的实施意见》等。

（4）科技创新基地与平台政策

科技创新基地与平台政策的建立，更有利于各个企业加强彼此之间的联系，提高了企业间沟通与合作的效率，有助于技术水平的提升，更为研制出的自主创新产品的销售等拓宽了渠道。在科技创新基地与平台政策方面推行的制度有《教育部关于印发〈国家重点学科建设与管理暂行办法〉的通知》等,规定的内容包括:科技创新公共服务平台的建设,政策、公共服务平台的资源共享,科研基地及基础设施等对外开放服务。该政策的执行,不仅向企业开放了国家科研基地(如孵化器,下同),还包括属于基础措施的公众科技资源,科研场所和基础设备的资金支持,科研基地和基础设施的信息网络平台和技术交流平台,国家科研基地提供的政策、管理、融资等方面的相关优惠以及服务。此外,企业还可参加国家科研基地组织的宣传、培训活动,使公共科技资源得到充分利用。

另外,当前,陕西省实行了"2+1"的科技计划体系,该科技计划体系包含两个基本计划(科技统筹创新工程计划和科学技术发展)和一个专项计划(陕西省重大科技创新专项计划),并持续推进统筹科技资源的改革,打破资源壁垒,以实现科技资源的共享融合。2018年,科技统筹创新工程计划项目数及经费投入均实现增加,科技人才蓬勃发展,整体创新实力得到提高。

3.3 陕西省企业自主创新存在的问题

近年来,虽然陕西省针对企业的自主创新制定和颁布了一系列切实可行的政策,大力支持和推动了企业创新的有效落实,但由于经验匮乏以及资金缺乏等,企业在科技研发方面仍面临很多困难,在自主创新方面还有许多问题,主要体现在企业自主创新的主体意识较弱、企业自主创新效率偏低、企业自主创新模式与企业发展不匹配,以及企业内部整合自主创新能力和资源的水平不足这四个方面上。

3.3.1 企业自主创新的主体意识较弱

目前,企业作为市场的主体,对于科技创新的积极性仍旧没有达到应有的高度，没有成为市场创新的主力军。企业进行自主创新的终极目标是实现企业自身又好又快地发展以及行业技术水平的突破和创新，推动国家的科技实力。当前，大多数企业仍然从事着传统物质产品的生产活动，尚未充分意识到从事科技研发活动的重要性和必要性，这些企业对于研发的概念大多停留在引进后模仿的阶段，它们认为只要能够在现有产品的基础上有所不同就是自主创新，没有真正意识到自主创新的本质，尤其是对于自主创新产权的保护和品牌效应均没有较高的积极性。

此外，企业自主创新主体意识的薄弱性还体现在在企业管理过程中不注重普及自主创新观念，即企业只是以一般的企业管理方式设置管理制度、进行产品的生产与经营，没有评审、评估职工的创新能力、企业的创新水平等，也没有对新产品的成果转化建立良好的体制，从而阻碍了企业的创新渠道。

近年来，陕西省省内越来越多的企业开始意识到创新对于企业发展的重大影响，并逐渐增加企业科技研发方面的资金投入，即便如此，全省企业的科技投入总量仍然较小。据统计，陕西省研发费用及营业收入与全国平均水平相比还有很大差距。总体看来，陕西省的企业在自主创新实力方面还有待提高。随意性大、缺少激励体系以及其他相应措施不能及时配备，是导致一些企业自主创新意识不强、缺乏自主创新积极性的原因。

企业走上自主创新道路时，尤其是在创新初期，往往容易形成浮躁的氛围，认为创新不但要出新，还要"快出新"，即在短时间内形成新技术和新工艺，从而获得一定的收益，达到"以最少的成本得到最大的收获"这种急于求成的结果。为了达到"快速出新"的目的，许多企业选择引进外部的先进资源，经过加工后变成"自己"的东西来进行推广和销售。这种创新方式虽然有一定的作用，但并不是长久之计，它将会慢慢扼杀企业原始的创新意识和能力。我国企业往往受到发达国家和跨国公司利用它们的强势地位对其自主创新技术进行垄断和遏制的影响，这其实是国与国之间综合国力的较量。企业是推动地区经济发展的主力军，企业自主创新对地区可持续发展的实现和人民生活质量的提高具有极大的作用和意义，企业应正确认识到自身承担的使命和责任，从而不断加强企业内部的自主创新实力。

3.3.2 企业自主创新效率偏低

创新能力是由多方面因素决定的，不仅包含研发的各方面支出，而且与创新的活动效率有重要关系，此外，自主创新还能够显著提升企业的生产力水平（Howell 和 Turok，2020[50]）。特别是陕西省正处于发展时期，急需大量的研发资金和人员，因此需要发掘更多的研发因素。如果创新活动效率过低，研发投入的成本再大，也未必能见成效，还会导致人力、物力、财力等资源的流失；反过来，如果企业重视创新效率的提升，只需少量投入便可获得高达数倍的成效。与其他省份对比可知，陕西省创新方面的效率实际上并不高，且低于青海、西藏等西部地区省份的创新效率。就 2018 年而言，青海省的产品销售收入仅为陕西省的 1/16，专利申请不到陕西省的 1/18，高技术产业利润是陕西省的 1/28，虽然青海省的高技术投入要低于陕西省，但通过数据对比可知，青海省在高技术产业创新投入以及成果转化方面相较于陕西省更有效率。因此，陕西省应该将创新能力以及创新转化为成品的能力进一步提高，使资源配置结构优化，从而避免不必要的浪费。

陕西省由于创新成果转化效率过低，企业自主创新能力并没有发生质的飞跃，反而容易陷入"引进—落后—再引进—再落后"的循环中，产出效率恶化。综观陕西省的一些传统企业创新模式即是如此。这些传统企业更注重引进模仿，而轻视消化吸收，最终导致企业的自主开发创新力低下的同时还持续不断购买国外技术，如此恶性循环，使企业核心技术呈现"空心化"。

3.3.3 企业自主创新模式与企业发展不匹配

陕西省在西部地区属于科技先进区域，但区域经济发展却相当滞后，科技与经济发展严重不匹配、不协调。在农业资源方面，陕西省处于西北部地区的先导地位，并且陕西省工业发展得比其他大部分地区早，但是由于忽视对体制进行改革及创新，导致陕西省市场发育得比较缓慢，发育程度低，民营经济落后等。陕西省整体上还是以传统产业为主，没有实现创新突破，这导致传统产业与高新技术产业、高新区与其他管辖区域之间在市场、技术、体制等方面，出现了较为典型的二元结构以及分层现象。这一现象也严重影响了传统产业的创新进程。此外，仅仅是单方面强调高新区的区位优势，积极带动区内高新技术产业独立发展，会使高新区的经济与整体经济发生脱离，从而产生"孤岛效应"。

也就是说，陕西省不同企业自主创新模式与各自的企业发展并不匹配。举例来讲，陕西省新能源产业自主创新以引进消化吸收再创新模式为主，较适合企业的发展，但是以引进消化吸收再创新模式为主的同时还应配之以其他的创新模式，这样才会更适合企业的发展。自主创新模式无法用好坏来评价，只能根据不同产业发展的特定阶段和条件来判断这种模式是否合适；并结合不同产业自己的特点及发展方向，采取某一种模式或多种模式相结合，优化配置高新技术产业发展各种资源，进而提高自主创新能力。除此以外，自主创新影响因素也是会随发展进程而发生变化的，因此要考虑整体环境及条件，不断完善企业的自主创新模式，使之呈现最优状态。

3.3.4　企业内部整合自主创新能力和资源的水平不足

企业自主创新活动的重要内容之一是企业能够进行自主原始创新，换句话说，企业通过自身已有的资源运作整合，生产出之前所没有的新产品、新工艺；而集成创新和引进消化吸收再创新"自主性"较弱，均是在单纯运作整合已有资源的情况下，产出新产品、新工艺。结合企业资源，对陕西省企业内自主创新能力进行综合分析可以发现，对资源和能力的有效整合与利用是企业自主创新的重要举措，但现阶段陕西省大多企业对此没有清晰认识，仅仅看重科技创新的外部投入活动，而对关键步骤有些"大意"，例如，在引进消化吸收再创新时，企业着重于将资金投在引进而非吸收上，不分主次，从而抑制了企业在技术上改进的可能性。

另外，许多企业并没有做到完善的自主创新，既有在对企业能力和资源整合上的欠缺，也有在认识水平上的欠缺，这也从根本上抑制了企业内整合的能力和水准。必须认清的是，企业要完成真正的自主创新，需在充足科技创新条件的环境下，遵循合理、高效的整合资源基本原则。

本章小结

首先，从企业基本情况、自主创新投入状况、自主创新产出情况、自主创新环境状况以及陕西省企业自主创新模式选择情况这些方面对陕西省企业自主创新发展状况进行了分析。具体而言，企业主要通过人员的投入和经费的投入对企业进行自主创新。截至2018年，规模以上工业企业R&D人员为56926人，其中研究人员为24359人；R&D经费内部支出为532.42亿元，高技术产业成为陕西省科技创新的中坚力量。2014—2018年，高技术产业的企业数量由322家增加到402家，增加了24.8%。陕西省在自主创新产出方面取得了较好的成绩，其新产品经费支出以及新产品销售收入在2014—2018年都呈现增长态势，其中航天航空器制造行业的新产品产值及销售收入排在第一位，而电子计算机及电子设备行业的新产品经费支出和销售收入排在最后一位。陕西省企业拥有两种良好的自主创新环境：科技创新及研发环境；外部支撑及服务环境。由统计结果可以看出，企业在选择创新模式时，有67.69%的企业选择集成创新模式，59.77%的企业选择原始创新模式，48.93%的企业选择引进消化吸收再创新模式。

其次，本章从科技研发投入、税收激励、金融支持、政府采购、其他相关政策对企业自主创新政策进行了分析。其中，科技研发投入力度大，2014—2018年，据陕西省统计年鉴，科技活动经费投入的R&D经费支出、地方财政科技拨款两项指标均呈现出不断增加的趋势，省级地方财政科技拨款有所下滑。陕西省近年来出台了众多与税收政策相关的文件，特别是针对装备制造业和高技术产业，出台了优惠的税收政策。陕西省先后成立了长安银行高新科技支行、招商银行西安分行"千鹰展翼"支行，为科技型企业服务。通过采购企业创新产品、发明专利等研发成果，政府较好地发挥了支持企业创新的先锋作用，并为企业自主创新带来稳固的资金来源和效益保障。

最后，详细分析了陕西省自主创新存在的问题。经分析发现，陕西省企业具有较弱的自主创新意识，大多数企业还停留在传统物质的生产活动上，没有充分意识到科研的必要性，甚至部分企业形成"引进—落后—再引进—再落后"的恶性循环模式，导致创新效率偏低。另外，企业发展不能很好地与企业自主创新模式相适应，企业内部整体自主创新能力以及可利用的资源不足，以及企业自主创新模式单一，这些都影响了企业未来的发展。

综合来讲，虽然陕西省在促进企业自主创新方面出台了相应的政策，但是企业自主创新实践仍面临较多问题，这些问题对陕西企业进行自主创新形成阻力，不利于企业未来发展。在下文，本书将进一步探讨如下问题：究竟是哪些因素对陕西省企业自主创新产生影响？在这些因素的影响之下，企业对于自主创新模式该如何做出选择？这些问题的研究结论可为陕西省企业自主创新发展提供更多的可能。

4 基于模糊积分法的陕西省企业自主创新模式选择

4.1 陕西省企业创新模式选择的影响因素

在研究企业各要素的重要性时，需要充分考虑企业的生命周期、综合实力和内外部因素，这些因素对企业选取最适宜自身发展的创新模式是非常有利的。企业整体的创新实力在一定程度上可以通过企业的生命周期来体现，企业综合实力也可以通过企业的生命周期来反映；同时，企业自主创新还会受到各种各样的因素的影响，总的来说有内部因素和外部因素，最终选择哪种企业自主创新模式都离不开在自主创新过程中受到的内外部因素的影响。因此，本书主要从三个方面分析影响企业自主创新模式选择的因素。

4.1.1 企业内部因素

影响企业自主创新模式选择的内部因素有很多，本书是从六个方面进行分析的，分别是企业内部的创新意识强度、创新资源投入能力、创新产出能力、企业控制力与执行力、产权性质明晰程度以及企业创新机制。

(1) 创新意识强度

创新意识是人们根据发展的需要，创造出新事物或者新观念的动机。企业的创新也是企业家、研发人员和员工基于企业发展的角度考虑，由创新意识转化而来。企业创新意识与企业创新二者相互影响、相互依存。一方面，创新意识能够为企业带来新的研究方向，创新意识越强的企业越能够唤起企业创新的积极性、主动性；另一方面，企业创新意识的强弱离不开企业员工在工作中创新的主动性。

创新是引领发展的核心动力，企业家的创新精神是企业的核心竞争力，企业家能够带领并组织企业开展创新活动，优化高层的决策能力，改善企业员工对进行自主创新的态度。因此，企业家的创新精神会影响创新，为自主创新提供指导，是决定创新能否实现的重要因素。当企业家的创新理念和创新精神倾向选择某一自主创新模式时，在物质方面企业将会为创新活动调动各种资源，同时在精神方面还会动员全体员工积极参与创新，提高资源配置效率，以此为创新活动提供物质和精神方面的支持，从而推动企业自主创新活动的成功进行。

在企业创新意识方面，技术研发人员相比于企业家和普通员工来说，他们的创新意识更能发挥关键性作用，因为技术研发人员掌握着关键或核心技术，能够给企业带来技术上的进步和突破。人力资源已经成为企业最重要的战略性资源，尤其是对于创新型企业来说，研发人员发挥的作用尤为重要。党的十八届五中全会强调，要加强基础研究，增强原始创新、集成创新以及引进消化吸收再创新三者之间的联系，充分地施展科技创新的"领头羊"作用。

企业文化能够传递出企业特有的精神，员工的创新意识无疑是企业文化非常重要的一个方面。一个企业如果拥有鼓励创新的企业文化，便能够促进员工产生更多的创新想法。而企业创新的起点，都是创新的意识和想法，之后逐步地将想法转化为现实。企业员工的创新意识在企业创新的过程中发挥着基础性作用，是企业自主创新的动力，这对促进企业成长是必不可少的。

(2) 创新资源投入能力

一般来说，企业创新资源影响着企业创新绩效，企业创新资源越丰富创新绩效也就越高，这对于企业拓展创新空间和提高获取经济利润能力是有提升的，可以为企业创新过程提供所需的能源。企业对于创新资源的投入数量和质量深刻影响着企业创新，增强企业创新能力要求企业定期全面地对企业创新资源进行一定的更新和投入（姜德慧，2019）[51]。通常来说，企业参与创新活动所拥有的资源包括人员、资金、技术和信息四个方面，因而创新资源投入能力主要通过企业科技活动人员投入、企业R&D经费投入、创新的技术能力和企业信息吸收能力这四个方面来体现。

人力成本和人力资源配置是企业创新人才投入的两个重要体现，越来越多的企业重视创新人才方面的投入，这对企业的成功与否也起着至关重要的作用。不同的自主创新模式有着不同的特点，而不同特点的自主创新模式又需要为其搭配不同类型的创新人才。原始创新需要具备高创新能力和丰富知识储备的人才；集成创新需要具备较强的综合集成能力，能够将创新要素的各个方面聚集起来的人才；引进消化吸收再创新需要具有相关生产知识的人才，他们更能快速掌握先进技术中的要点，并开展该产品的国产化。

创新研发投入对企业自主创新模式的选择至关重要，其影响可以用企业R&D所占比例来衡量。企业主要通过R&D支出进行自主技术创新活动，R&D支出会对企业自主创新的研发、生产、销售等过程产生直接影响。企业继续进行自主创新活动离不开一定的资金支持。在一定的自主创新模式下，企业的创新研发投入满足该模式的要求可以极大限度地降低在自主创新过程中发生意外的可能性，获得自主创新活动带来的巨大经济收益。因此，企业自主创新的成果，需要创新研发投入达到一定数量才可以真正实现。

技术创新能力的高低直接决定了企业技术能力的强弱。技术研发实力在企业技术创新能力中处于一个核心的位置。企业自主创新模式会在很大程度上被企业技术创新能力所扰动，例如，企业技术创新能力处于较低水平时，企业可以采取集成创新，同那些技术研发能力较强的企业合作交流以取长补短，这样可以弥补它们知识资源的不足，以达到自主创新的成功。同时，在这个过程中，企业可以通过坚持不断地学习，充实自己的知识储备，最终实现其创新能力上升到更高水平。

企业信息能力体现在企业对于信息收集获取、信息挖掘或知识发现、价值创造等方面。信息是每个环节顺利进行的基础，因为技术本身、企业内部组织和市场的不确定性，将产生不同的信息需求，这些需求将会对各个环节的正常运行产生影响。这就要求不能一次性完成自主创新的每一步，而是需要在两个甚至多个环节中来回循环，直到满足条件之后才能停止循环，进入下一个循环。在每个环节的重复循环过程中，必然会伴随大量的信息流。所以，企业信息能力在影响自主创新模式选择的同时，也反映了企业在规避创新风险方面的能力。

（3）创新产出能力

通过创新资源的投入从而达到企业创新目的的过程，就是企业自内部向外部环境进行输出的过程。而企业最终创新效果的质量，通常以企业创新产出能力的高低来体现，因此这也在很大程度上决定着企业对自主创新模式的选取。有形产出和无形产出是产出的两种类型：有形产出是通过物质和资本的形式展现出来的；无形产出具有非物质性，它包含专利和新增的知识与能力。

企业自主创新模式选择也被技术创新产出能力深深影响着，技术创新产出能力可以通过企业取得的发明专利数量来体现。企业是推行科技成果商业化和产业化的主力，特别注重科技成果商业化过程中所有活动的实现效力。企业一方面要重视自主创新，另一方面要加大对知识产权的保护力度，以此积极促进专利的科技成果转化，这有利于提高企业在市场中的地位。如果企业在发明专利的数量上占据优势，就能证明，相对于其他企业的自主创新活动，其自主创新活动的效果更好，也意味企业在市场竞争中有更强的市场竞争力，进而实现创新效益的程度也就更大。

（4）产权性质明晰程度

产权，是以创新主体与创新成果之间的法律关系来阐述的、关于两者在经济方面的所有权关系。所以不同产权的经济社会关系存在一定程度的差异，这就造成了互异的产权所属企业对自主创新成果的产权明确程度存在差异。在自主创新的过程中，企业作为自主创新的主体，它的产权明晰程度对创新成果的市场化进程、企业创新的经济收益以及自主创新模式的选取都会产生严重的影响。如果存在交易成本，那么只有在满足企业产权明晰的条件之后，才能把创新成果商业化，由此获得创新收益；相反，如果没有明确的产权，就会阻碍产权交易的顺利进行，阻碍企业创新效益的实现，降低经济效率，还会影响创新过程。总之，创新收益的实现离不开较高程度的产权明晰度，企业产权越明晰，越有利于企业自主创新的实现。

(5) 企业控制力与执行力

企业控制力是指，企业在遵循市场经济运行规律的前提下，在生产经营活动中自觉调整战略和经营，约束自身行为，降低经营风险，赢得更多成本优势的权力。企业控制力包括内部控制和外部控制，既影响着企业的创新收益，也影响企业自主创新模式。企业资源的循环方法、权力集中度、企业韧性与开放性等方面往往是由企业内部控制来决定的。与此同时，企业内部控制也在一定程度上决定企业自主创新等重要环节，还在一定程度上影响创新效率和企业利润的实现，决定了企业采取哪种自主创新模式。内部控制还可使企业避免走向错误的方向，有利于企业的有效经营，促进企业在创新道路上稳定发展。对于企业脆弱的生命力而言，复杂的外部环境和企业内部的不平衡会阻碍企业的平稳运作。当企业的成长较多依赖于创新的不断发展时，内部控制成为企业成功的关键因素。对产品价格的市场控制是企业外部控制力的核心。企业要想获得更高的创新收益、扩大创新成果份额、掌握更多的创新产品市场主动权，就必须掌握更高的市场可控性；反之，当企业难以对市场控制时，其对产品的定价能力就比较低，此时创新成果的份额越小，创新收益越低。

企业创新模式的选择也深受企业执行力的影响。企业执行力指的是，各级管理层、各部门、各岗位员工在企业自主创新过程中，为实现自主创新的战略目标，按照企业制定的自主创新战略方针、政策制度和计划，实施自主创新的能力。它关系到自主创新有关制度以及政策的实施能否成功实现，以及决定着企业自主创新能否成功。企业执行力主要体现在政策、管理制度和号召在实施过程中的被执行程度。如果政策、管理制度和号召在实施过程中被执行的程度较高，则说明该组织的执行能力较强；反之，则表明该组织的执行能力较弱。企业自主创新是一项复杂的系统工程,因为在这个过程当中,它涉及多个部门和多种资源,包括企业自主创新战略的实现,自主创新活动的计划、执行和掌控,此外还包括自主创新活动的顺利开展。在缺乏执行力的情况下,预设的目标就无法完成。企业执行力在自主创新目标与目标有效实现之间起着桥梁作用,自主创新能力的强弱直接关系着自主创新目标最终能否被实现,也决定着自主创新获得成功的可能性和自主创新模式的选取。

(6) 企业创新机制

企业创新机制主要表现为两个方面:创新激励机制和员工学习培训机制。企业创新机制决定了企业最终采取何种创新模式。完善的企业创新机制能够促进企业自主创新的顺利进行,因为创新机制的完善程度会影响企业创新的效率,进而会对企业能否成功创新产生影响。

创新激励机制主要表现为两个方面:对企业自主创新行为物质方面的激励和精神方面的激励。企业工作人员的创造潜力也能够通过创新激励机制得到激发。激励机制能够有效地唤起企业员工对工作的积极主动性,员工能动性的上升可使企业的自主创新活动更快速有效地完成。企业创新激励机制会使整个企业的自主创新效率提高,从而能够提升企业创新成功的可能性。众所周知,研发人员对于自主创新至关重要,研发人员的知识储备在企业自主创新过程中是必不可少的因素,深刻影响着企业自主创新的成功率。特别是关键研发人员的流失,会增加技术研发的难度,影响企业自主创新的效率。所以,为了达到留住人才的目的,必须要搭建有效的创新激励机制体系。这是企业保持不断自主创新的核心动力,也关系着企业自主创新的成败。

员工学习培训机制主要是对员工进行持续的培训。在现在这个信息资讯更迭迅速的时代,知识不断更新、技术不断发展,为了使员工的专业知识和能力得到提高,从而跟上时代的步伐,企业需要对员工进行定期和不定期的培训。当企业面临个别关键技术人才流失造成的技术缺口时,员工学习培训机制是企业"修复"和"再生"的措施,也是企业能够进行持续创新的重要保障,这会使企业的创新效率得到提高并降低企业创新过程中失败的可能性。

4.1.2 企业外部环境

外部环境因素主要包括政策环境和社会服务环境两个方面。外部环境因素是自主创新模式选择中不可替代的参考因素。

(1) 政策环境的有利性

政府对企业创新的外部引导和支持是政策环境的重要体现，主要通过财政补贴、税收优惠以及行政保护等方式刺激企业的创新意愿，引导和激励企业的自主创新活动，为企业自主创新提供源源不断的动力，从而进一步提高企业自主创新过程中的效率（罗锋等，2022）[52]。特别是，企业最终采用何种自主创新模式也受到政府的深远影响。政策环境在很大程度上是由各种微观政策和宏观政策表现出来的。政策环境包含四个部分，分别是财政激励政策、金融支持政策、政府采购政策和知识产权保护政策。

发挥引导和激励作用的财政政策，通过税收优惠和财政支出等形式，影响企业的自主创新活动。如果政府对企业的财政支出多一些，就更能激励企业的发展，企业开展自主创新活动的动力就会更大，企业也更有能力进行自主创新活动，最终，在政府的财政帮助下企业开展自主创新活动也就具备了更多的优势，这都将提高企业进行创新的效率和成功率。正是由于实施税收优惠政策能够显著地降低企业开展自主创新活动的花销，所以税收优惠政策被认为是政策环境中，激励和帮助企业开展自主创新活动的首选策略。税收优惠政策在一定水平上提升了企业进行自主创新的效率，进一步对企业采取何种自主创新模式产生了影响。

企业创新资源的投入能力也会受到金融政策环境的影响，进而影响企业做出自主创新形式选择的决策。目前，缺乏对自主创新和创新成果转化的资金支持和研发投入是企业自主创新面临的最大障碍。企业在向金融机构融资时面临诸多问题，这导致资金短缺问题得不到很好的解决。金融支持政策对于企业的扶持，会提升社会资本参与企业创新活动的积极性，起到"领头羊"的作用。金融资本与产业资本的联合承担可以降低企业在自主创新途中遭遇风险的可能性。企业要想拥有良好的融资环境和畅通的融资渠道，离不开良好的金融政策环境。良好的融资环境和稳定的融资渠道，将促进自主创新的顺利进行。因此，企业创新资本投入能力的提高离不开金融政策的有力保障。同时，金融政策是有效解决企业自主创新动力不足，尤其是解决资本方面动力不足这类问题所带来的困境的重要途径。实际上，它已悄然演变为企业在自主创新模式选择中不得不慎重关注的关键因素之一。

与政府投资相比，政府采购所处环境对于企业自主创新来说，是一个较为重要的影响因素，也是企业发展自主创新活动的重要力量源泉。就政府投资促进企业自主创新的作用而言，特别是在新技术、新产品生命周期的早期，即在自主创新的难度和风险较大的情况下，政府需求的主导作用尤为显著。政府采购的市场容纳非常大，同时，政府还可以直接下达命令，要求国民经济的一些重要部门购买企业的某些特定新产品、新技术等，从而缓解企业自主创新的压力，帮助企业获得经济收益，促进企业自主创新的目标早日达成。

企业对创新成果的垄断与知识产权保护密不可分，自主创新模式的选择也由此受到影响。知识产权保护的载体是包括知识产权制度在内的法律体系，通过对知识产权垄断性的规定来保护企业的智力成果和劳动成果。对于企业来说，专利是非常重要的。在创新型企业的专利期内，其他企业不具有产品的定价权，也不能未经允许使用新技术。只有拥有专利权的企业享有创新成果独占权，才能利用新技术降低生产成本，获得绝对的价格竞争优势。由此，知识产权保护加强了企业持续开展自主创新活动的动力。

（2）社会服务环境的有利性

企业采取何种措施不仅受到上述因素的影响，而且受到社会服务这一外部环境因素的影响。技术市场、资本市场和劳动力市场的完备程度直接影响社会服务水平。而社会服务水平的高低直接决定了企业自主创新所面临的风险水平的高低，还进一步继续影响企业进行自主创新模式的选择。

技术市场的完善，深刻影响着自主创新过程中的交易成本和获取技术的难度，也影响着自主创新风险的大小和自主创新模式的选择。技术市场稳健有效率的运行，能够为社会经济的进步和企业自主创新带来大量的技术成果和服务。基于先进的科研体系,技术市场是企业自主创新的有力支撑条件。可见,企业采取何种自主创新模式会受到技术流通的影响。

企业在选择自主创新模式时,一是要思考技术是否容易获取,二是要思考技术会带来的交易成本。根据交易成本理论得出:第一,技术市场越发达,企业采购到合适技术的成本越低或找到技术合作伙伴也会越容易;第二,企业如果选择直接购买一项技术的费用不高于企业自身进行研发所产生的成本时,那么企业为了降低成本,就会做出直接购买该项技术的决定。因此,对于技术市场而言,如果技术的实用性越强,且技术交易的成本越低,那么,企业越能容易地找到对自身开展创新活动有益的技术,企业自主创新所面临的风险也会在此基础上降低很多,所以在这种情况下,企业会更加倾向于选择引进消化吸收再创新策略。假如出现了上述情况都不符合,即技术市场的发育程度低下,技术可得性困难,而技术的交易成本又比较高时,企业想继续自主创新的难度就会加大。当自主创新的风险大时,企业就倾向于选择原始创新。如果技术市场只满足一点,即两者之间的状态,那么企业会优先选择集成创新模式。

资本市场的完善,尤其是风险市场的完善与采用的自主创新模式密切相关,因为它影响着企业分散和降低企业自主创新风险。追求高额资本报酬、高额经济收益是资本的核心,于是资本市场在支持高风险的自主创新方面起到了举足轻重的作用。在美国,更容易获得风险投资的自主创新模式是原始创新,它"催生"了众多的原始创新型企业;与它有较大差异的是在资本市场欠发达领域内,这些企业的原始创新程度低下。因此,不同的自主创新模式其风险不同,对风险市场是否达到完善的标准也会不一样。资本市场制度等的发达完善,对投资者就是发送一个积极的信号,会使投资者更敢于冒投资风险。如果资本市场不完善,投资者较为保守,企业宜选择风险较小的引进消化吸收再创新模式。假如资本市场是两者之中的某种情况,对企业自身来说,最优策略是采取集成创新模式。

劳动力市场是企业自主创新活动创新人才的主要来源。企业通过劳动力市场引进与自身自主创新相匹配的人才,为企业自主创新提供源源不断的智力支持。所以,搭建和完善与企业家和科技人员相关的劳动力市场,能够促进企业的自主创新活动。完善劳动力市场有利于企业寻找和补充具有自主创新能力的高素质人才，弥补个别核心技术人才流失所带来的技术差距或技术间断，保证企业的持续创新和自主创新，降低企业创新风险，提高企业创新的效率和企业创新的成功率。因此，劳动力市场的完善与企业自主创新模式的选择密切相关。

4.1.3 企业生命周期分析

除了内外部因素，企业生命周期往往会影响独立创新活动的风险、成功率、成本和收益，进而影响独立创新模式的选择。结合伊查克·爱迪思（Ichark Adizes）的企业发展生命周期模型，根据企业成熟度来看，企业生命周期可分为五个阶段，即投入期、成长期、扩张期、成熟期和衰退期，如图 4-1 所示。

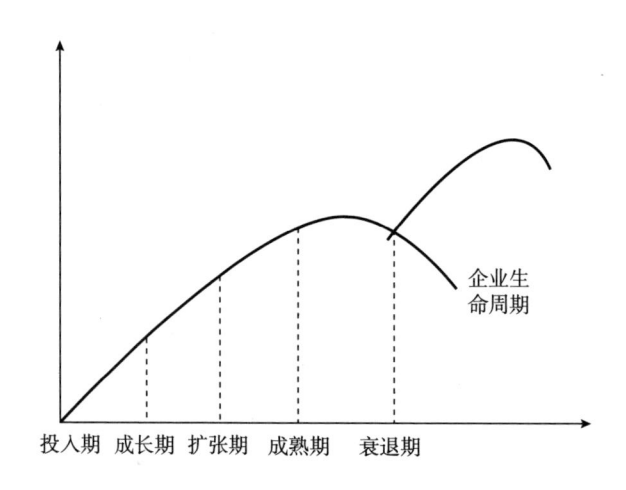

图 4-1 企业生命周期

在企业生命周期的不同阶段，企业的特征是不同的。具体而言，包括企业的成熟度、整体抗风险能力、创新效益实现能力、对不同企业自主创新模式的支持能力等。企业自主创新模式的采用，在一定程度上受到以上多个因素的影响。另外，如果企业处在生命周期的不同阶段，即使企业面临相同的内外部环境，对自主创新模式的判断和采用也会产生差异。目前，随着政府对企业创新政策的战略性调整，针对企业生命周期在不同阶段特有的创新规律和政策需求，已经形成了覆盖企业生命周期的创新支持政策体系（贺德方等，2022）[53]。

(1) 投入期和成长期前期阶段

在此阶段，企业规模小，资金、人员都比较少，技术也比较薄弱，成熟度低，企业整体创新实力较弱。在企业自主创新活动中，主要出现下列特征：创新所具备的资本不充分，创新型技术人才在数量上呈现劣势，以及对有关信息资源的掌控力不够。由此导致以下几种情况的发生：风险抵抗力不强、创新获得经济收益的能力较弱、企业自主创新能力不充足。基于企业成立的实际情况，在此阶段的企业宜选择较低层次的自主创新模式，如引进消化吸收再创新模式。企业可以利用较低的成本去获得较为先进的技术，在低成本的情况下获得较大的收益。企业在采取引进消化吸收再创新模式时，要注意以下问题：

第一，要抓住引进消化吸收再创新的机遇。企业需要考虑多方面的因素，例如：着重考虑所引进的技术是否足够稳固和成熟、未来预期效益的高低、当下市场竞争等多种因素。除此之外，还要慎重思索企业本身所具备哪些条件，在此基础上选择一个最恰当的时间点进入市场：如果时间太早，可能会面临市场需求不稳定、技术障碍较多、创新难度较大、风险较大、不利于创新成功等问题；如果时间太晚，则可能会陷入市场饱和、创新空间小、市场进入壁垒强化等境遇。

第二，要注重在现有资源条件下消化吸收先进技术和培养再创新的能力，包括对事物的反应、对知识的消化吸收、在技术方面的进步、规模化生产和市场营销能力等。将它们转变成企业创新所需的资源，能够增强企业在创新方面的能力，使企业在市场竞争中的地位得到提高，进而使企业的经济实力得到增强。

第三，在技术交易过程中，要注意知识产权交易的合法化。在经济全球化和知识经济时代的快速发展下，知识产权在企业竞争乃至国际竞争中显得越来越重要。在技术引进、消化吸收过程中，在法律要求范围内进行的交易可以减少时间和资金的使用，也可以率先掌握创新者的创新成果，为日后的再次创新创造前提条件。

(2) 成长期后期阶段和扩张期阶段

在成长壮大的后期，伴随企业规模的不断扩大，企业产品的市场份额占有比重逐步增加，这些都将促进企业的创新资本逐年增加。随着技术方面的创新能力在不断增强和创新人才在储备数量上的一步步提升，企业在抗击风险、实现创新效益的能力也会稳健地上升，这表明企业逐步地迈向成熟阶段。在这个阶段需要注意的是，企业整体的创新能力还很薄弱，仍然需要增强在创新技术和资本资源方面的积累。由于原始的创新模式对企业的创新实力有更高的要求，因此，在这个阶段，原始的创新模式并不适合，企业可以采用集成创新模式，利用其他创新主体的优势来弥补不足之处，从而提高整体实力；也可以利用高水平的引进消化吸收再创新，逐步地积累技术，进而逐渐提升自身的创新实力。

(3) 成熟期阶段

在此阶段，伴随企业规模不断地向外部市场"蔓延"，企业的自主创新能力逐步增强。面对市场环境的变化，企业的生命指标达到最优。企业前期积累的雄厚资本和强悍的技术创新能力，成为企业在这一阶段自主创新、抗击风险、获取利润的底气。为了在竞争中始终占据主导地位，原始创新是值得企业考虑的，因为在成熟期阶段，企业的成长达到了顶峰。企业要想从其他竞争对手那里获得高额垄断利润，可以通过原始创新获得独特的技术，在技术领域占据主导地位以后，企业在市场竞争中会处于优势地位。此外，在科学技术快速创新和知识经济时代的背景下，创新型企业不仅无法拥有全部与科技前沿有较强联系的知识和技术，而且会遭受一些棘手的问题，如资源短缺。所以，企业除了需要考虑到原始创新问题，还应该思索如何将国内外市场的创新资源进行系统的整合，从而达到资源共享的目的，缩短创新周期，降低创新风险，这会极大地提高创新的成功率和促使创新利润的实现，也会促进创新活动的成功实施。在原始创新过程中，要成功实现自主创新，企业要特别注意充分利用专利制度来保障知识产权的安全，要善于利用技术转让手段，要注意自主创新的产品、技术的升级以及后续创新的投入。

(4) 衰退期阶段

在此阶段，企业在选择自主创新模式时会受自身研发实力的影响。在这一阶段企业在自主创新方面仍具有一定的优势，因为成熟期还"残留"下来一些优势。然而随着市场环境的变化，企业不能很好地适应，进而使企业的生存能力减弱。对于研发实力比较强的企业，应采取原先企业所实施的创新模式或集成创新模式，突破当前所面临的技术瓶颈，渐渐地过渡到其他处于上升阶段的生命周期曲线上；反之，如果企业的研发实力不强，则更适合通过引进消化吸收再创新，逐步向新兴产业转型。

4.2 指标体系设计

在分析企业自主创新模式选择的内外部影响因素的基础上，同时考虑生命周期对企业自主创新模式选择的影响，本书对企业自主创新模式指标体系进行了整体设计。指标的构建过程应以科学性、系统性以及可行性为基本原则。

4.2.1 指标体系设计原则

企业自主创新模式选择必须有客观、准确的评价指标体系，而企业自主创新模式选择的指标体系设计原则应遵循如下三点：

第一，科学性原则。构建企业自主创新模式选择的指标体系，需要结合相关自主创新理论，将各个指标之间包含的逻辑关系进行有效的整理，使整个指标体系趋于合理化。在对数据进行处理时，需秉承科学性原则，保证最终获得的结果真实有效，从而对评价对象做出客观公正的描述。

第二，系统性原则。企业选择何种自主创新模式，决定着企业的未来发展，这是一个相对复杂的过程。因为它不仅要对企业自身的生命周期、内部环境等方面进行衡量，而且要考虑企业的行业状况等外部环境，这就要求评价体系中包含的指标要全面，将主要的影响因素尽可能多地包含在内，使整个系统具有逻辑性、连贯性，以使构建的指标体系全面性高、关联性强。

第三，可行性原则。企业自主创新模式选择的指标体系应当有一定的适用性，真正起到解决问题的作用。在整个企业自主创新模式选择的指标体系当中，指标的形式多种多样，既有定性方面的指标也有定量方面的指标，这就需要设计者考虑全面，并要兼顾到定性指标选取的难易程度。定性指标量化，需要用数据进行测度，采用时更要确保量化过程的科学公正，以便能够获得可靠的评价结果。

4.2.2 指标体系构建

本书从创新资源投入能力、创新产出能力、创新意识强度、产权性质有利性、企业控制力与执行力、企业创新机制、政策环境有利性、社会服务环境有利性和企业生命周期有利性9个方面选择了22个指标，构建的企业自主创新模式选择指标体系如表4-1所示[54]。

表4-1 企业自主创新模式选择指标体系

一级指标	二级指标	三级指标	四级指标
企业自主创新模式选择（A）	内部影响因素（B_1）	创新资源投入能力（C_{11}）	企业R&D经费占销售收入比重（D_{111}）
			企业科技活动人员占总人员比重（D_{112}）
			技术创新能力（D_{113}）
			信息吸收能力（D_{114}）
		创新产出能力（C_{12}）	新产品销售收入占产品销售总收入比重（D_{121}）
			企业申请专利数量（D_{122}）
		创新意识强度（C_{13}）	企业家创新精神（D_{131}）
			技术研发人员创新意识（D_{132}）
			企业员工创新意识（D_{133}）
		产权性质有利性（C_{14}）	企业产权性质的明晰程度（D_{141}）
		企业控制力与执行力（C_{15}）	企业控制力（D_{151}）
			企业执行力（D_{152}）
		企业创新机制（C_{16}）	创新激励机制完善程度（D_{161}）
			员工学习培训机制完善程度（D_{162}）

续表

一级指标	二级指标	三级指标	四级指标
企业自主创新模式选择（A）	外部影响因素（B_2）	政策环境有利性（C_{21}）	财政政策环境完善程度（D_{211}）
			金融政策环境完善程度（D_{212}）
			政府采购政策完善程度（D_{213}）
			知识产权保护政策完善程度（D_{214}）
		社会服务环境有利性（C_{22}）	技术市场完善程度（D_{221}）
			资本市场完善程度（D_{222}）
			劳动力市场完善程度（D_{223}）
	企业生命周期（B_3）	企业生命周期有利性（C_{31}）	企业所处生命周期有利性（D_{311}）

4.2.3 指标体系的含义

4.2.3.1 内部影响因素指标（B_1）

（1）创新资源投入能力（C_{11}）

①企业 R&D 经费占销售收入比重（D_{111}）

企业 R&D 经费能衡量企业进行自主创新时研究和发展能力的高低，因此利用这一比重指标，可以反映企业自主创新的研究发展资金达到企业某一自主创新模式要求的程度。

$$\text{R\&D 经费投入} = \frac{\text{研发经费}}{\text{销售投入}} \times 100\% \tag{4-1}$$

②企业科技活动人员占总人员比重（D_{112}）

企业在自主创新时，会对人才方面的投入设定一个要求，而该指标是指，满足这一要求时，企业从事研发和相关技术活动的人员占全部从业人员的比重。

$$\text{创新人才投入能力} = \frac{\text{科技活动人员数量}}{\text{企业全部从业人员}} \times 100\% \tag{4-2}$$

③技术创新能力（D_{113}）

该指标综合反映了企业两方面的能力，即内部技术积累能力和外部获得技术的能力。通过培育这两方面的能力，企业可以改进或创造新技术。

④信息吸收能力（D_{114}）

企业在自主创新时需要充分利用各种信息，该指标反映了企业在自主创新过程中信息采集、信息归纳、信息资源共享等能力。信息吸收能力有利于企业实现信息向技术的转化。

(2) 创新产出能力（C_{12}）

①新产品销售收入占产品销售总收入比重（D_{121}）

该指标衡量的是企业通过进行自主创新所获得的经济效益，体现了经济上的回报。该指标值越高，证明企业的创新产品销路越好，经济回报也就越高。新产品销售收入也是企业未来经济活动当中重要的经济来源。

$$新产品销售额 = \frac{新产品销售收入}{企业产品销售收入} \times 100\% \qquad (4-3)$$

②企业申请专利数量（D_{122}）

申请专利能够体现企业技术发展的活跃程度、谋求专利保护的积极性，该指标反映了企业技术是否新颖。企业的专利申请得越多，企业就会越具有获利的能力。

(3) 创新意识强度（C_{13}）

①企业家创新精神（D_{131}）

创新是一个企业家的精神所在、职责所在，该指标是企业中高层决策者勇于开拓市场、技术创新等方面能力的体现，是对R&D活动控制能力和拓展自主创新能力的体现，是衡量企业高层决策者思想创新程度及领导能力的一大标志。

②技术研发人员创新意识（D_{132}）

技术研发人员是企业进行技术研究改进的核心，该指标反映了企业的技术研发人员自主创新意愿的强弱以及创新能力。

③企业员工创新意识（D_{133}）

该指标体现了企业员工进行自主创新活动的自觉能动性、创新倾向性，在一定程度上是企业整体创新实力的真实写照。

（4）产权性质有利性（C_{14}）

企业产权性质的明晰程度（D_{141}）

企业的产权会影响企业的运行，因此企业现有的产权性质在一定程度上会对企业进行自主创新活动产生有利影响。企业产权性质的明晰程度能够用有利影响程度进行测度。这一指标具体可体现在两个方面：首先是产权主体划分水平，其次是创新成果产权归属的明晰程度。

（5）企业控制力与执行力（C_{15}）

①企业控制力（D_{151}）

为了保证企业正常有序、合法地运行，企业要对内部人员、资金等进行有效控制。在企业进行自主创新的过程中，该指标反映了分配、协调、整合内部各种资源的能力和企业控制自主创新产品定价的能力。

②企业执行力（D_{152}）

企业在制定战略的同时，也要对其进行贯彻执行，实现企业的计划目标。该指标反映了企业在自主创新过程中的相关政策方针、战略安排、计划方案的实施情况，利用它可以推断出企业实现其自主创新目标的可能性。

（6）企业创新机制（C_{16}）

①创新激励机制完善程度（D_{161}）

为了实现企业自主创新目标，企业需要对内部进行激励，以提高自主创新的积极性。该指标体现了企业所选择的激励举措，对推进和保障企业成功开展自主创新活动的影响程度。

②员工学习培训机制完善程度（D_{162}）

企业要进行创新，就需要加强对员工的教育培训，该指标反映了企业人力资源开发的程度；反映了企业对技术与知识的重视程度；也反映了企业自主创新智力支持的程度，即面临技术变革时，企业员工对新技术、新知识的接受程度和应用能力。

4.2.3.2 外部影响因素指标（B_2）

（1）政策环境有利性（C_{21}）

①财政政策环境完善程度（D_{211}）

财政政策环境属于企业宏观外部环境，该指标体现了政府利用财政手段帮助企业完善自主创新、激励企业进行自主创新活动的程度，其中税收优惠政策是一项十分重要的举措。

②金融政策环境完善程度（D_{212}）

该指标反映了政府从金融角度对企业的制度支持，包括促进企业自主创新的风险资本政策和优惠信贷政策对企业自主创新的驱动和增进程度。

③政府采购政策完善程度（D_{213}）

政府采购政策是一项十分复杂的系统工程，关系到公共资源的优化配置。该指标反映了政府出台的相关政策对企业所在行业生产的新产品进行采购的具体落实情况和相关政策的保障力度，体现了政府对企业产品实施采购的政策对企业自主创新活动的支持和激励程度。

④知识产权保护政策完善程度（D_{214}）

知识产权保护水平是衡量一国（地区）生产力发展的重要标志。知识产权保护也是创新保护，该指标体现了政府对自主知识产权保护意识的强烈程度，反映了政府出台的知识产权保护政策对激发企业创新活力、实现更高收益的保障程度。

（2）社会服务环境有利性（C_{22}）

①技术市场完善程度（D_{221}）

该指标是对整个技术市场运行进行综合评定后的结果，反映了企业为达到完成自主创新成果的目的，在当前技术市场中得到企业自主创新所涉及的相关新技术和技术合作者的难易程度。

②资本市场完善程度（D_{222}）

该指标从资本市场的规模及投资主体的投资倾向这两个方面，衡量其对技术市场在企业自主创新活动的支持程度和推动力度，体现了资本市场愿意给企业在自主创新过程中展开支持的可能性。资本市场能够起到优化企业资本结构、降低企业融资成本的作用。

③劳动力市场完善程度（D_{223}）

完善的劳动力市场能够使用人单位的用人需求与劳动力市场的劳动力素质之间完美匹配。该指标反映了企业在不断进行创新的过程中，产品研究开发、生产、销售等相关环节的人才需求从劳动力市场中得到满足的可能性。

4.2.3.3　企业生命周期（B_3）

企业生命周期有利性（C_{31}）、企业所处的生命周期有利性（D_{311}）

企业的生命周期包括企业的初创期、成长期、成熟期和衰退期，每一个生命周期所选择的自主创新模式都可能不同，使用企业所处的生命周期有利性，可测度企业所处的周期与自主创新模式两者间的适配度。

4.3　模型构建

4.3.1　基于模糊积分法的指标量化分析

模糊积分法是一种综合评价方法，是对模糊对象进行模糊测度，它的应用范围比较广泛，尤其是适合解决具有主观价值判断评价处置的问题。该分析方法不仅能对相互独立的指标产生影响，而且能应用于具有相关性的指标间，并不要求假设指标相互独立。在探讨企业自主创新模式选择过程中，有一些指标之间存在相关性，并不完全独立，并且这些指标具有模糊性，难以对其实施量化，所以本书结合模糊积分法和企业自主创新模式指标的特征，对企业自主创新模式选择的指标进行分析。该方法的详细分析步骤如下所示：

第一步，对企业自主创新模式选择的指标体系进行构建（见表4-1）。

第二步，选择好将要评价的自主创新模式，加以确认。

第三步，对内部指标总评价值予以确认。其中：

首先，确定各指标的评价值。由领域内的有关专家对评价指标进行打分，以确定各个指标的评价值。涉及对定量指标进行评价时，专家会在企业调查问卷的基础上，根据自身经验并参照行业内各项指标的数值来确定评价值。相关专家对于定性指标评估值的确定主要是根据自身的知识和经验得出的。因为在对指标值进行刻画时存在一定的模糊性，因此本书使用梯形模糊数衡量语意变量，以此来测度主观评价值大小；再请专家根据语意变量来给出各个指标的语意值，最终形成的 f_1 为指标语意值集合。

$$f1 = \{f_j(x_i^k) \mid k=1, 2, \cdots, n; i=1, 2, \cdots, dn_k; j=1, 2, \cdots, m\}$$

$f_j(x_i^k)$ 为第 j 位专家对评价层面 x_k 下第 i 个指标 x_i^k 给予的语意值。$f_j(x_i^k)$ 为梯形模糊数，表示为 $(a_i^k, b_i^k, c_i^k, d_i^k)$，$a_i^k \in [0,1]$，$b_i^k[0,1]$，$c_i^k[0,1]$，$d_i^k[0,1]$。$n$ 为评价层面的个数；dn_k 为评价层面下 x_i 的指标个数；m 为专家的人数。各评价指标值语意变量的等级如表4-2所示。

表4-2　各评价指标值语意变量等级划分

语意变量	语意值
非常差	(0, 0, 0.2)
很差	(0, 0.2, 0.4)
较差	(0.2, 0.4, 0.6)
普通	(0.4, 0.6, 0.8)
较好	(0.6, 0.8, 1)
很好	(0.8, 1, 1)
非常好	(1, 1, 1)

其次，确定各指标的模糊密度评价值。请相关专家采用梯形模糊数的语意值，并根据设置的语意变量进行打分。在打分的过程中要注重不同层次的划分，最终的语意值如下：

$$g1 = \{g_j(x_i^k) \mid k=1, 2, \cdots, n; i=1, 2, \cdots, n_k; j=1, 2, \cdots, m\}$$

$g_j(x_i^k)$ 为梯形模糊数,表示为 $(a_i^k, b_i^k, c_i^k, d_i^k)$,$a_i^k \in [0, 1]$,$b_i^k \in [0, 1]$,$c_i^k \in [0, 1]$,$d_i^k \in [0, 1]$。$g_j(x_i^k)$ 为第 j 位专家对评价层面 x_k 下第 i 个指标 x_i^k 给予的语意值。n 为评价层面的个数;n_k 为评价层面下 x_k 的评价指标个数;m 为专家的人数。各模糊密度的语意变量划分等级如表4-3所示。

表4-3 模糊密度的语意变量等级划分

语意变量	语意值
非常不重要	(0, 0, 0.2)
很不重要	(0, 0.2, 0.4)
较不重要	(0.2, 0.4, 0.6)
一般重要	(0.4, 0.6, 0.8)
较重要	(0.6, 0.8, 1)
很重要	(0.8, 1, 1)
非常重要	(1, 1, 1)

再次,计算出各指标的模糊值。综合分析每位专家的评审意见之后,使用模糊运算方法计算 $f1$ 的值,计算出模糊集合 f。

$$f(x_i^k) = \frac{1}{m} \otimes \{f_1(x_i^k) \otimes f_2(x_i^k) \otimes \cdots \otimes f_m(x_i^k)\} \quad (4-4)$$

$$f = \{f(x_i^k) \mid k = 1, 2, \cdots, n; i = 1, 2, \cdots, dn_k\} \quad (4-5)$$

式(4-4)中,$f(x_i^k)$ 是综合 m 位专家意见后评价层面 x_k 下第 i 个指标 x_i^k 的模糊值。$\otimes$ 及 $\oplus$ 为模糊运算子。可以按照同样的方法来对模糊密度的语意值进行综合计算。

又次,利用解模糊化运算得出评价指标和模糊密度的明确值。本书综合使用三种最为常用的解模糊化公式,即相对距离公式(M_1)、中心值法(M_2)以及重心值法(M_3)来将模糊数转换成明确值。

复次,确定 λ 值。按照表4-4中 λ 值的设定原则,再与经过专家的意见而确定的各个评价层面的值进行结合。

表 4-4　重视度及 λ 值设定原则

λ 值	重视度	评价要求和目的
趋近于-1	相等	重视任一项或多项评价指标优异的评价对象
大于 0	无约束	重视评价指标表现整齐的评价对象
小于 0	相等	兼顾评价指标表现整齐与任一项或多项评价指标
趋近于 0		优异的评价对象

最后，对 λ 模糊测度进行计算。具体 λ 模糊测度的确定方法如下所示：

依照表 4-4 中 λ 值所设计原则，结合各位专家确定的每个层次的 λ 值，得到：

$$\int_A f dg = \sup_{\alpha \in [0,1]} (\alpha \wedge g(A \cap F_\alpha)) \tag{4-6}$$

式（4-6）中，将对应的 λ 值和各指标的模糊密度值 $g(x_i)$ 代入，从而计算出各个评价层面 λ 的模糊测度结果，得到：

$g_\lambda(\{X_1^k, X_2^k\})$，$g_\lambda(\{X_2^k, X_3^k\})$，…，$g_\lambda(\{X_1^k, X_2^k, X_3^k\})$，…，$g_\lambda(\{X_1^k, X_2^k, \cdots, X_{n-1}^k\})$，…，$g_\lambda(\{X_1^k, X_2^k, \cdots, X_n^k\})$

4.3.2　基于 SPACE 法的模式选择模型构建

4.3.2.1　战略地位与行动评价法概述

SPACE 法又叫战略地位与行动评价法，它是以 SWOT 分析为基础，通过建立 SPACE 坐标图，对企业自主创新模式进行初步选择。企业进行自主创新模式选取时，应该把内外部因素都判断清楚，制定出企业自主创新的内外部因素评价表，并在 X 轴和 Y 轴设置所得到的内、外部评价指标总评分值，构建一个 SPACE 坐标图，如图 4-2 所示。

在图 4-2 中，最重要的点在于对企业实力的准确判断和寻找并抓住所有可能遇到的机会。当企业处于劣势时，企业应该重点关注消除和削弱所遭受的劣势和威胁。此外，将企业内部因素和外部因素总评分值所组成的平面中一个点（X，Y）投入坐标系中，结合其所属的区域来帮助企业初步选择自主创新模式。

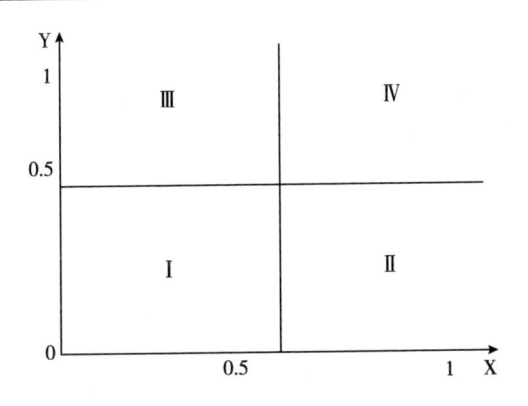

4 基于模糊积分法的陕西省企业自主创新模式选择

图 4-2 SPACE 坐标

内部环境和外部环境各评价指标的评分值需要提前进行假定，假设 1 是最高值、0 是最低值。当内部指标中的某一个或多个指标的数值为 1 时，则说明企业内部因素此刻正处于一个相对优势的地位；如果处于劣势，则评分数值为最低分 0，证明该企业拥有对企业创新极其不利的内部因素。同样道理，假如企业外部因素某一指标的评估价值为 1，则企业外部因素处于极为优势的地位，企业拥有机会；相反，假如评分值为最低分 0，就证明该企业拥有对企业创新极其不利的外部因素，企业面临着威胁。企业还会面临一种情况，即处于 (0.5, 0.5) 时，证明内部因素的优势与劣势处于势均力敌的状态，以及在企业外部因素中，机会与威胁也处于势均力敌的状态。这是一个平衡状态，说明企业在该种模式下既没有优势也没劣势、既没有机会也没有威胁。由此，以内部因素和外部因素的平衡状态 (0.5, 0.5) 为基准，可以将坐标平面分成了四个区域：区域Ⅰ、区域Ⅱ、区域Ⅲ、区域Ⅳ。不同的区域含义不同，是对企业自主创新的外部因素和内部因素的整合，决定了企业自主创新模式的不同定位。

在区域Ⅰ中，企业外部环境所遭受到威胁的可能性大于所带来的机会，拥有内部环境的劣势大于优势。在选择这种自主创新模式的情况下，企业会面临比较大的威胁，而企业自身的创新实力不足，相对较弱。总体来说，这是对企业进行自主创新最不利的情景。当出现这种结果时，企业既要对内外部因素进行适应，又要及时地调整现有的自主创新模式，改变创新路径，发展其他自主创新模式，更好地推动企业的创新发展。

在区域Ⅱ中，企业外部环境所遭受威胁的可能性大于所带来的机会，拥有内部环境的优势大于劣势。在选择这种自主创新模式的情况下，企业外部的威胁相对大，但是企业自身情况优越，创新实力雄厚，这时候企业就需要对当下较低层次的自主创新模式进行调整，目的是与企业自身的创新实力相适应，从而努力发挥企业的自主创新优势，展现出自己的实力，推动企业未来发展。

在区域Ⅲ中，企业外部环境所带来的机会大于所遭受的威胁，内部环境的劣势大于优势。在选择这种自主创新模式的情况下，企业有更多向前发展的机会，但由于企业的自身创新实力不足，就会导致企业无法对机会进行把握。此时，企业就要对自身要素进行全方位调度、协调，充分调动自身创新的积极性，以牢牢抓住让自己处于优势的时机，并充分把握外部环境因素的有利机会，让自身的创新实力得到进一步增强。

在区域Ⅳ中，企业外部环境所带来的机会大于所遭受的威胁，内部环境的优势大于劣势，这是一种极为理想的状态，表明内外部条件都极具优势，企业的自主创新模式与企业自身的发展相适应，内部环境、外部环境都对企业发展十分有利，这将极大地促进企业自主创新长远的发展。这种自主创新模式也应该继续为企业所采用，以实现企业的整体创新实力和经济实力的快速发展。

4.3.2.2 基于 SPACE 法的模式选择模型建立

本书建立的企业自主创新模式选择模型对于其他创新模式所选择的模型来说是相对静态的。应用该模型需要满足一定的前提假设，即需要处于一个相对密闭的环境中对各个指标进行研究。

结合战略地位与行动评价法原理，本书建立了一个三维选择模型，包括内部环境、外部影响因素和企业生命周期。通过前面的计算，X 轴所表示的评价指标为在企业自主创新时所选取的内部指标，外部指标总评价作为 Y 轴，企业的生命周期作为 Z 轴，由此形成一个新的空间点 I（X_i、Y_i、Z_i），如图 4-3 所示。

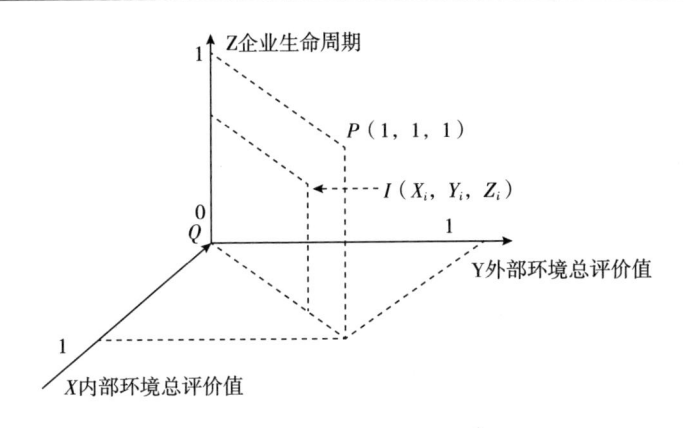

4 基于模糊积分法的陕西省企业自主创新模式选择

图4-3 企业自主创新模式选择模型

以综合指数法作为判定依据,计算出该点与理想解的距离,由此判断这个点是否与理想解接近,这样做的目的是帮助企业选择自主创新模式。综合指数法的思路是通过计算不同指标与理想解的接近程度,对接近度做一个排列,从高到低或者从低到高,距离理想解最近的方案就是最优方案。

(1) 确认理想解

在图4-3中可以发现两个极端点:$P(1,1,1)$ 和 $Q(0,0,0)$。当企业的所处位置为 P 点时,企业会面临极其优越的内、外部环境;同时,企业选择的某种自主创新模式与企业所处的发展阶段十分适合。但这是一种十分罕见的情况,可以达到这种状态的企业十分罕见,因此 $P(1,1,1)$ 被称作理想解。另一种情况是,当企业所处位置为 $Q(0,0,0)$ 点时,企业会面临极其恶劣的内部环境、外部环境;同时,企业选择的某种自主创新模式与企业所处的发展阶段极其不适合。但这也是一种十分罕见的状况,因此 $Q(0,0,0)$ 被称作负理想解。

(2) 选择企业适合的自主创新模式

前面计算得到了内部环境、外部环境指标和企业生命周期的总得分,根据总得分进一步可以得出企业在不同模式下的不同状态,即 I_1、I_2、I_3。首先,需要计算 $I_i(X_i, Y_i, Z_i)$,($i=1$,代表原始创新模式;$i=2$,代表集成创新模式;$i=$

3，代表引进消化吸收再创新模式）距理想解 P 的距离 S_{1i} 和距负理想解 Q 的距离 S_{2i}，如图 4-4 所示，公式分别为：

$$S_{1i}=\sqrt{(1-X_i)^2+(1-Y_i)^2+(1-Z_i)^2} \tag{4-7}$$

$$S_{2i}=\sqrt{(X_i-0)^2+(Y_i-0)^2+(Z_i-0)^2}=\sqrt{X_i^2+Y_i^2+Z_i^2} \tag{4-8}$$

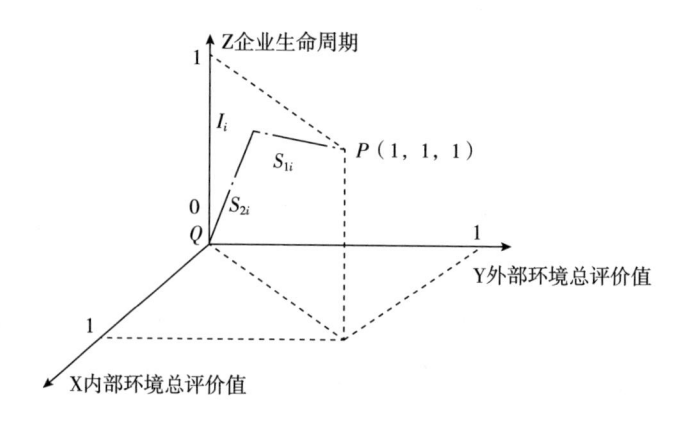

图 4-4 S_{1i} 和 S_{2i} 的位置

此时，将点 I 对理想解的接近程度进行定义，公式为：

$$C_i=\frac{S_{1i}}{S_{1i}+S_{2i}} \tag{4-9}$$

其次，根据前面所得出的三个点，一一计算 I_1、I_2、I_3 与理想解之间的距离，从而得出三者与理想解的接近程度，用 C_i 表示；在此基础上也能得出与企业最适配的自主创新模式。C_i 的值越小，代表着越优先使用该种方案。

4.3.2.3 模型适用性分析

在使用自主创新模型时，有两个方面需要补充：

第一，该模型为一个相对静态的模型，也就是说环境是一定的，在对各指标的权重分析时，只考虑了评价当时企业所处的环境，当企业未来发展变化时，特别是当所处阶段发生变化时，该模型可能会不一定适用。与此同时，当企业处在不同行业时，不同行业的企业受到各种因素的影响程度不一样，最后的影响结果也会发生差异。在此给企业一个忠告：在运用该模型选择自主创新模型时，应因地制宜，根据具体情况灵活使用，综合考虑企业自身所拥有的资源和所面临的外部环境等,再对各指标重新进行量定,从而与企业持续向前发展的情况相匹配,如此才能得到更加符合要求的发展方案。

第二,在该模型的计算过程中,有较多的定性部分,因为该模型采用的是专家打分的方式,在面对同样的问题时,不同专家对其产生的看法是不尽相同的;或者在不同的时间段,即使是同一个专家对相同的问题观点也可能不一样。所以采用专家打分会产生较强的主观性,其结果也有极大可能出现偏差的,所以结果的可靠性大大降低。为了使结果的准确性提高,在此建议使用该模型进行模式选择的企业,应当将样本量尽可能增多,也就是增加专家数量,或者将评价企业分数的人数增加,由此获得更加适宜的解决办法。

4.4 数据选择

本书主要是通过网上问卷在线填写的方式来进行研究所需数据的收集工作的。作者与西安高新区及相关政府部门保持长期科研合作关系,本次研究在相关部门的帮助下与企业进行沟通并填写了问卷,以保证实证检验结果准确有效。调研人员共20人,分为10组,每组2人。为了保证收回问卷的数量和质量,此次问卷调研工作开始前,先对协助问卷调研的人员进行了为期半天的专项培训,培训内容包括调研安排、问卷内容解读等。调研人员根据企业名录,以组为单位每天轮流以电话形式联系企业进行问卷填写,并向调查对象明确表示问卷调查结果是用于了解企业创新状况,助力企业申报创新项目。为了提高调研问卷发放、回收效率,本书采用网上问卷发放的方式,企业填写问卷完毕后只需提交即可。自问卷设计到问卷回收共耗时两个多月,由于问卷的发放渠道是相关政府部门网站平台,所以数据质量拥有较高可信度。

本书共调查了陕西省企业样本278家,这278家样本中涵盖了电子信息、生物制药技术、新材料、光机电一体化、高效能源、环境保护以及航天航空七个行业；最后一共回收 264 份问卷。经过对回收的问卷进行筛选，剔除了一些有缺陷的问卷，如未按规范填写或有效信息填写不全等。剔除无效问卷后，统计出有效问卷共 232 份，其中电子信息行业 73 份、生物制药技术行业 48 份、新材料行业 31 份、光机电一体化行业 29 份、高效能源行业 23 份、环境保护行业 18 份、航天航空行业 10 份；有效率达到 83.45%（见表 4-5）。

表 4-5　问卷的发放与回收情况

类别	发放问卷	回收问卷	有效问卷	有效问卷率
数量	278	264	232	83.45%

4.5　陕西省企业自主创新模式选择实证分析

4.5.1　实证分析

本部分以陕西省企业为对象，分别对其涵盖的电子信息、航天航空、生物制药技术、环境保护、新材料、高效能源、光机电一体化七个行业企业自主创新模式选择进行实证分析，并以行业为分类标准，研究陕西省企业自主创新模式的选择，进而探索陕西省各行业企业自主创新模式的选择。

4.5.1.1　电子行业企业实证分析

确定内部评价指标的总评价值有以下步骤：

第一步，假设：电子行业企业所采用的自主创新模式是原始创新模式。

第二步，邀请相关专家根据重要程度，对企业所采取的创新模式进行打分。同时，邀请电子行业企业的高级管理人员等相关人员对各评价指标的现状进行评分。

第三步，整理语意原始数据表。在相关人员进行打分之后，收回对企业选择何种创新模式产生重大影响的专家打分表和电子行业企业的现状调查表；在此基础上，归纳总结出企业自主创新模式选择影响因素重要性的语意原始数据表。

第四步，分别计算企业生命周期内部评价指标、外部评价指标和三级评价指标的模糊积分值。综合分析每位专家的意见，并对得出的指标的语意值进行模糊运算，得到三级指标的模糊积分值，如表4-6所示。

表4-6 原始创新模式三级指标模糊积分值

二级指标	三级指标	四级指标	模糊密度值	评价指标值	模糊积分值
内部影响因素（B_1）	创新资源投入能力（C_{11}）	企业R&D经费占销售收入比重（D_{111}）	0.926	0.759	0.857
		企业科技活动人员占总人员比重（D_{112}）	0.926	0.860	
		技术创新能力（D_{113}）	0.926	0.760	
		信息吸收能力（D_{114}）	0.926	0.818	
	创新产出能力（C_{12}）	新产品销售收入占产品销售总收入比重（D_{121}）	0.850	0.723	0.752
		企业申请专利数量（D_{122}）	0.760	0.757	
	创新意识强度（C_{13}）	企业家创新精神（D_{131}）	0.850	0.855	0.851
		技术研发人员创新意识（D_{132}）	0.850	0.837	
		企业员工创新意识（D_{133}）	0.760	0.837	
	产权性质有利性（C_{14}）	企业产权性质的明晰程度（D_{141}）	0.842	0.903	0.903
	企业控制力与执行力（C_{15}）	企业控制力（D_{151}）	0.805	0.855	0.836
		企业执行力（D_{152}）	0.805	0.727	
	企业创新机制（C_{16}）	创新激励机制完善程度（D_{161}）	0.805	0.845	0.836
		员工学习培训机制完善程度（D_{162}）	0.850	0.782	
外部影响因素（B_2）	政策环境有利性（C_{21}）	财政政策环境完善程度（D_{211}）	0.850	0.831	0.713
		金融政策环境完善程度（D_{212}）	0.850	0.782	
		政府采购政策完善程度（D_{213}）	0.890	0.737	
		知识产权保护政策完善程度（D_{214}）	0.650	0.766	
	社会服务环境有利性（C_{22}）	技术市场完善程度（D_{221}）	0.890	0.721	0.758
		资本市场完善程度（D_{222}）	0.850	0.721	
		劳动力市场完善程度（D_{223}）	0.850	0.765	
企业生命周期（B_3）	企业生命周期有利性（C_{31}）	企业所处生命周期有利性（C_{311}）	0.805	0.724	0.724

第五步，计算内部评价指标、外部评价指标和企业生命周期的二级指标模糊积分值，结果如表4-7所示，其计算步骤与第四步相同。

表4-7 原始创新模式二级指标模糊积分值

二级指标	三级指标	模糊密度值	评价指标值	模糊积分值
内部影响因素 (B_1)	创新资源投入能力（C_{11}）	0.890	0.875	0.894
	创新产出能力（C_{12}）	0.827	0.752	
	创新意识强度（C_{13}）	0.827	0.851	
	产权性质有利性（C_{14}）	0.760	0.903	
	企业控制力与执行力（C_{15}）	0.760	0.836	
	企业创新机制（C_{16}）	0.827	0.836	
外部影响因素 (B_2)	政策环境有利性（C_{21}）	0.805	0.813	0.803
	社会服务环境有利性（C_{22}）	0.849	0.758	
企业生命周期 (B_3)	企业生命周期有利性（C_{31}）	0.849	0.724	0.724

在确定了原始创新模式评价指标体系的总评价值后，按照相同的方法和步骤，可以得到关于电子行业企业在集成创新和引进消化吸收再创新模式下的内部评价指标、外部评价指标和企业生命周期的总评价值。对总评价值进行总结后，可得到电子行业企业自主创新模式选择评价指标的四级指标模糊积分值表、三级指标模糊积分值表和二级指标总评价值表，具体可见表4-8、表4-9和表4-10。

表4-8 电子行业企业自主创新模式选择四级指标模糊积分

指标		原始创新模式	集成创新模式	引进消化吸收再创新模式
内部评价指标	f_{111}	0.759	0.870	0.759
	f_{112}	0.860	0.888	0.871
	f_{113}	0.760	0.864	0.760
	f_{114}	0.818	0.851	0.818
	f_{121}	0.723	0.831	0.831
	f_{122}	0.757	0.860	0.837
	f_{131}	0.855	0.906	0.806
	f_{132}	0.837	0.920	0.820

续表

指标		原始创新模式	集成创新模式	引进消化吸收再创新模式
内部评价指标	f_{133}	0.837	0.888	0.888
	f_{141}	0.903	0.888	0.870
	f_{151}	0.855	0.832	0.829
	f_{152}	0.727	0.814	0.814
	f_{161}	0.845	0.884	0.884
	f_{162}	0.782	0.820	0.807
外部评价指标	f_{211}	0.831	0.837	0.831
	f_{212}	0.782	0.785	0.754
	f_{213}	0.737	0.765	0.770
	f_{214}	0.766	0.797	0.803
	f_{221}	0.721	0.808	0.842
	f_{222}	0.721	0.808	0.842
	f_{223}	0.765	0.828	0.852
企业生命周期	f_{311}	0.724	0.837	0.713

表 4-9　电子行业企业自主创新模式选择三级指标模糊积分

指标		原始创新模式	集成创新模式	引进消化吸收再创新模式
内部评价指标	f_{11}	0.857	0.885	0.851
	f_{12}	0.752	0.854	0.836
	f_{13}	0.851	0.917	0.916
	f_{14}	0.903	0.888	0.870
	f_{15}	0.836	0.828	0.826
	f_{16}	0.836	0.874	0.871
外部评价指标	f_{21}	0.813	0.832	0.819
	f_{22}	0.758	0.824	0.847
企业生命周期	f_{31}	0.724	0.837	0.713

表 4-10　电子行业企业自主创新模式选择二级指标模糊积分

总评价值	原始创新模式	集成创新模式	引进消化吸收再创新模式
内部评价指标	0.894	0.909	0.905

续表

总评价值	原始创新模式	集成创新模式	引进消化吸收再创新模式
外部评价指标	0.803	0.831	0.841
企业生命周期	0.724	0.837	0.713

根据表 4-10 中的信息可以得出以下数据，电子信息行业企业的企业现状得分为 I_1 (0.894, 0.803, 0.724)，电子信息行业企业在集成创新模式下企业现状得分为 I_2 (0.909, 0.831, 0.837)，电子信息行业企业在引进消化吸收创新模式下企业现状得分为 I_3 (0.905, 0.841, 0.713)。通过计算 I_1、I_2、I_3 与理想解的接近程度，发现适合电子信息行业企业发展现状的自主创新模式选择偏好。

根据模型建立中与理想解的接近程度的公式，计算得到：S_{11} = 0.355，S_{21} = 1.402，C_1 = 0.2020；S_{12} = 0.251，S_{22} = 1.489，C_2 = 0.1446；S_{13} = 0.341，S_{23} = 1.426，C_3 = 0.1932。很明显可以看出，$C_2 < C_3 < C_1$，又因为最小的 C_2 值代表的是集成创新模式，所以集成创新模式是电子信息行业企业最适宜的自主创新模式。

4.5.1.2 航天航空行业实证分析

同理，采用上述企业自主创新模式选择步骤确定航天航空行业企业自主创新模式。表 4-11 显示的是航天航空行业企业自主创新模式选择评价指标的四级指标模糊积分值，表 4-12 显示的是航空航天行业企业的三级指标模糊积分值，表 4-13 显示的是航空航天行业企业的二级指标总评价值。

表 4-11 航天航空行业企业自主创新模式选择四级指标模糊积分

指标		原始创新模式	集成创新模式	引进消化吸收再创新模式
内部评价指标	f_{111}	0.762	0.734	0.734
	f_{112}	0.825	0.779	0.760
	f_{113}	0.883	0.825	0.834
	f_{114}	0.825	0.825	0.805
	f_{121}	0.779	0.760	0.779
	f_{122}	0.825	0.779	0.706
	f_{131}	0.673	0.654	0.673

续表

指标		原始创新模式	集成创新模式	引进消化吸收再创新模式
内部评价指标	f_{132}	0.825	0.825	0.805
	f_{133}	0.760	0.760	0.760
	f_{141}	0.885	0.890	0.825
	f_{151}	0.779	0.760	0.675
	f_{152}	0.825	0.782	0.779
	f_{161}	0.798	0.798	0.798
	f_{162}	0.890	0.785	0.760
外部评价指标	f_{211}	0.679	0.679	0.679
	f_{212}	0.625	0.574	0.574
	f_{213}	0.625	0.625	0.625
	f_{214}	0.779	0.779	0.779
	f_{221}	0.890	0.779	0.760
	f_{222}	0.625	0.590	0.647
	f_{223}	0.754	0.754	0.754
企业生命周期	f_{311}	0.890	0.825	0.675

表 4-12　航天航空行业企业自主创新模式选择三级指标模糊积分

指标		原始创新模式	集成创新模式	引进消化吸收再创新模式
内部评价指标	f_{11}	0.876	0.814	0.827
	f_{12}	0.822	0.771	0.756
	f_{13}	0.804	0.820	0.782
	f_{14}	0.885	0.890	0.825
	f_{15}	0.819	0.779	0.748
	f_{16}	0.882	0.791	0.781
外部评价指标	f_{21}	0.747	0.745	0.745
	f_{22}	0.843	0.758	0.754
企业生命周期	f_{31}	0.890	0.825	0.675

表 4-13　航天航空行业企业自主创新模式选择二级指标模糊积分

总评价值	原始创新模式	集成创新模式	引进消化吸收再创新模式
内部评价指标	0.874	0.861	0.854

续表

总评价值	原始创新模式	集成创新模式	引进消化吸收再创新模式
外部评价指标	0.818	0.754	0.751
企业生命周期	0.890	0.825	0.675

从表4-13中可以发现,航天航空行业企业在原始创新模式下的企业现状得分为 I_1(0.874,0.818,0.890),在集成创新模式下企业现状得分为 I_2(0.861,0.754,0.825),在引进消化吸收创新模式下企业现状得分为 I_3(0.854,0.751,0.675)。根据与理想解接近程度的公式,通过计算得到:S_{11} = 0.2471,S_{21} = 1.4917,C_1 = 0.1421;S_{12} = 0.3323,S_{22} = 1.4108,C_2 = 0.1906;S_{13} = 0.4346,S_{23} = 1.3224,C_3 = 0.2474。显然,$C_1<C_2<C_3$,又因为最小的 C_1 值代表的是原始创新模式,所以原始创新模式是航天航空行业企业最适宜的自主创新模式。

4.5.1.3 生物医药行业实证分析

同理,表4-14显示的是生物医药行业企业自主创新模式选择评价指标的四级指标模糊积分值,表4-15显示的是生物医药行业企业的三级指标模糊积分值,表4-16显示的是生物医药行业企业的二级指标总评价值。

表4-14 生物医药行业自主创新模式选择四级指标模糊积分

指标		原始创新模式	集成创新模式	引进消化吸收再创新模式
内部评价指标	f_{111}	0.492	0.625	0.779
	f_{112}	0.825	0.795	0.779
	f_{113}	0.596	0.625	0.779
	f_{114}	0.814	0.814	0.814
	f_{121}	0.625	0.625	0.734
	f_{122}	0.434	0.434	0.434
	f_{131}	0.890	0.890	0.890
	f_{132}	0.647	0.732	0.752
	f_{133}	0.647	0.732	0.752
	f_{141}	0.779	0.647	0.647
	f_{151}	0.814	0.823	0.823

续表

指标		原始创新模式	集成创新模式	引进消化吸收再创新模式
内部评价指标	f_{152}	0.779	0.779	0.779
	f_{161}	0.647	0.647	0.647
	f_{162}	0.779	0.779	0.779
外部评价指标	f_{211}	0.689	0.795	0.795
	f_{212}	0.704	0.732	0.734
	f_{213}	0.704	0.734	0.752
	f_{214}	0.801	0.825	0.825
	f_{221}	0.783	0.783	0.891
	f_{222}	0.492	0.567	0.763
	f_{223}	0.834	0.834	0.686
企业生命周期	f_{311}	0.496	0.675	0.825

表 4-15 生物医药行业自主创新模式选择三级指标模糊积分

指标		原始创新模式	集成创新模式	引进消化吸收再创新模式
内部评价指标	f_{11}	0.822	0.807	0.811
	f_{12}	0.596	0.587	0.689
	f_{13}	0.853	0.850	0.869
	f_{14}	0.779	0.647	0.647
	f_{15}	0.880	0.814	0.814
	f_{16}	0.759	0.759	0.759
外部评价指标	f_{21}	0.767	0.820	0.812
	f_{22}	0.810	0.821	0.873
企业生命周期	f_{31}	0.496	0.675	0.825

表 4-16 生物医药行业自主创新模式选择二级指标模糊积分

总评价值	原始创新模式	集成创新模式	引进消化吸收再创新模式
内部评价指标	0.872	0.837	0.859
外部评价指标	0.799	0.820	0.864
企业生命周期	0.496	0.675	0.825

从表4-16中可以发现,生物医药企业在原始创新模式下的企业现状得分为I_1(0.872,0.799,0.496),在集成创新模式下生物医药企业的企业现状得分为I_2(0.837,0.820,0.675),在引进消化吸收创新模式下生物医药企业的企业现状得分为I_3(0.859,0.864,0.825)。根据与理想解接近程度的公式,通过计算得到:$S_{11}=0.5572$,$S_{21}=1.2833$,$C_1=0.3027$;$S_{12}=0.4051$,$S_{22}=1.3530$,$C_2=0.2304$;$S_{13}=0.2625$,$S_{23}=1.4716$,$C_3=0.1514$。显然$C_3<C_2<C_1$,又因为最小的C_3值代表的自主创新模式是引进消化吸收再创新模式,所以引进消化吸收再创新模式是生物医药行业企业最适宜的自主创新模式。

4.5.1.4 环境保护行业实证分析

同理,表4-17显示的是环境保护行业企业自主创新模式选择评价指标的四级指标模糊积分值,表4-18显示的是环境保护行业企业的三级指标模糊积分值,表4-19显示的是环境保护行业企业的二级指标总评价值。

表4-17 环境保护行业自主创新模式选择四级指标模糊积分

指标		原始创新模式	集成创新模式	引进消化吸收再创新模式
内部评价指标	f_{111}	0.675	0.805	0.795
	f_{112}	0.857	0.857	0.857
	f_{113}	0.590	0.760	0.849
	f_{114}	0.760	0.760	0.760
	f_{121}	0.706	0.805	0.849
	f_{122}	0.590	0.650	0.760
	f_{131}	0.926	0.926	0.926
	f_{132}	0.890	0.890	0.890
	f_{133}	0.883	0.883	0.883
	f_{141}	0.785	0.706	0.849
	f_{151}	0.650	0.805	0.926
	f_{152}	0.706	0.890	0.890
	f_{161}	0.706	0.883	0.883
	f_{162}	0.752	0.798	0.798

续表

指标		原始创新模式	集成创新模式	引进消化吸收再创新模式
外部评价指标	f_{211}	0.624	0.624	0.624
	f_{212}	0.650	0.650	0.650
	f_{213}	0.835	0.835	0.883
	f_{214}	0.805	0.782	0.805
	f_{221}	0.760	0.752	0.752
	f_{222}	0.650	0.650	0.805
	f_{223}	0.752	0.805	0.805
企业生命周期	f_{311}	0.590	0.706	0.825

表 4-18　环境保护行业自主创新模式选择三级指标模糊积分

指标		原始创新模式	集成创新模式	引进消化吸收再创新模式
内部评价指标	f_{11}	0.849	0.848	0.856
	f_{12}	0.688	0.774	0.835
	f_{13}	0.920	0.916	0.920
	f_{14}	0.785	0.706	0.849
	f_{15}	0.697	0.873	0.919
	f_{16}	0.745	0.866	0.866
外部评价指标	f_{21}	0.825	0.824	0.871
	f_{22}	0.759	0.794	0.801
企业生命周期	f_{31}	0.590	0.706	0.825

表 4-19　环境保护行业自主创新模式选择二级指标模糊积分

总评价值	原始创新模式	集成创新模式	引进消化吸收再创新模式
内部评价指标	0.904	0.908	0.912
外部评价指标	0.816	0.820	0.858
企业生命周期	0.590	0.706	0.825

从表 4-19 中可以发现，环境保护企业在原始创新模式下的企业现状得分为 I_1（0.904，0.816，0.590），在集成创新模式下环境保护企业的企业现状得分为 I_2（0.908，0.820，0.706），在引进消化吸收再创新模式下环境保护企业的企业

现状得分为 I_3（0.912, 0.858, 0.825）。根据与理想解接近程度的公式，通过计算得到：$S_{11} = 0.459$，$S_{21} = 1.353$，$C_1 = 0.254$；$S_{12} = 0.357$，$S_{22} = 1.413$，$C_2 = 0.202$；$S_{13} = 0.242$，$S_{23} = 1.499$，$C_3 = 0.139$。显然 $C_3 < C_2 < C_1$，又因为最小的 C_3 值代表的是引进消化吸收再创新模式，所以引进消化吸收再创新模式是环境保护行业企业最适宜的自主创新模式。

4.5.1.5 新材料行业实证分析

同理，表4-20显示的是新材料行业企业自主创新模式选择评价指标的四级指标模糊积分值，表4-21显示的是新材料行业企业的三级指标模糊积分值，表4-22显示的是新材料行业企业的二级指标总评价值。

表4-20 新材料行业自主创新模式选择四级指标模糊积分

指标		原始创新模式	集成创新模式	引进消化吸收再创新模式
内部评价指标	f_{111}	0.675	0.825	0.675
	f_{112}	0.825	0.825	0.675
	f_{113}	0.825	0.825	0.825
	f_{114}	0.805	0.815	0.805
	f_{121}	0.675	0.684	0.675
	f_{122}	0.650	0.635	0.650
	f_{131}	0.894	0.894	0.894
	f_{132}	0.894	0.894	0.894
	f_{133}	0.849	0.849	0.849
	f_{141}	0.862	0.844	0.862
	f_{151}	0.764	0.825	0.686
	f_{152}	0.773	0.834	0.691
	f_{161}	0.835	0.835	0.835
	f_{162}	0.752	0.752	0.752
外部评价指标	f_{211}	0.650	0.650	0.650
	f_{212}	0.650	0.650	0.650
	f_{213}	0.775	0.775	0.775
	f_{214}	0.706	0.706	0.706
	f_{221}	0.650	0.590	0.410

续表

指标		原始创新模式	集成创新模式	引进消化吸收再创新模式
外部评价指标	f_{222}	0.687	0.706	0.760
	f_{223}	0.825	0.825	0.825
企业生命周期	f_{311}	0.805	0.862	0.706

表 4-21　新材料行业自主创新模式选择三级指标模糊积分

指标		原始创新模式	集成创新模式	引进消化吸收再创新模式
内部评价指标	f_{11}	0.824	0.825	0.820
	f_{12}	0.671	0.674	0.671
	f_{13}	0.893	0.892	0.893
	f_{14}	0.862	0.844	0.862
	f_{15}	0.771	0.832	0.690
	f_{16}	0.881	0.881	0.881
外部评价指标	f_{21}	0.765	0.763	0.765
	f_{22}	0.803	0.804	0.795
企业生命周期	f_{31}	0.805	0.862	0.706

表 4-22　新材料行业自主创新模式选择二级指标模糊积分

总评价值	原始创新模式	集成创新模式	引进消化吸收再创新模式
内部评价指标	0.890	0.894	0.890
外部评价指标	0.794	0.797	0.791
企业生命周期	0.805	0.862	0.706

从表 4-22 中可以发现，新材料企业在原始创新模式下的企业现状得分为 I_1（0.890，0.794，0.805），在集成创新模式下新材料企业的企业现状得分为 I_2（0.894，0.797，0.862），在引进消化吸收再创新模式下新材料企业的企业现状得分为 I_3（0.890，0.791，0.706）。根据模型建立中与理想解的接近程度的公式，通过计算得到：$S_{11} = 0.3040$，$S_{21} = 1.4392$，$C_1 = 0.1744$；$S_{12} = 0.2669$，$S_{22} = 1.4762$，$C_2 = 0.1531$；$S_{13} = 0.3770$，$S_{23} = 1.3845$，$C_3 = 0.2140$。显然，$C_2 < C_1 < C_3$，又因为最小的 C_2 值代表的是集成创新模式，所以集成创新模式就是新材料

行业企业最适宜的自主创新模式。

4.5.1.6 新能源高效能源行业实证分析

同理，表4-23显示的是新能源、高效能源行业企业自主创新模式选择评价指标的四级指标模糊积分值，表4-24显示的是新能源、高效能源行业企业的三级指标模糊积分值，表4-25显示的是新能源、高效能源行业企业的二级指标总评价值。

表4-23 新能源、高效能源行业自主创新模式选择四级指标模糊积分

指标		原始创新模式	集成创新模式	引进消化吸收再创新模式
内部评价指标	f_{111}	0.650	0.820	0.800
	f_{112}	0.883	0.883	0.883
	f_{113}	0.620	0.760	0.820
	f_{114}	0.851	0.851	0.851
	f_{121}	0.926	0.962	0.883
	f_{122}	0.570	0.572	0.645
	f_{131}	0.795	0.795	0.891
	f_{132}	0.752	0.825	0.863
	f_{133}	0.773	0.773	0.773
	f_{141}	0.864	0.752	0.854
	f_{151}	0.765	0.765	0.765
	f_{152}	0.743	0.794	0.890
	f_{161}	0.549	0.549	0.549
	f_{162}	0.634	0.634	0.634
外部评价指标	f_{211}	0.825	0.825	0.825
	f_{212}	0.590	0.590	0.590
	f_{213}	0.765	0.765	0.765
	f_{214}	0.706	0.706	0.706
	f_{221}	0.776	0.776	0.776
	f_{222}	0.470	0.650	0.760
	f_{223}	0.753	0.753	0.753
企业生命周期	f_{311}	0.593	0.759	0.885

表 4-24 新能源、高效能源行业自主创新模式选择三级指标模糊积分

指标		原始创新模式	集成创新模式	引进消化吸收再创新模式
内部评价指标	f_{11}	0.879	0.877	0.880
	f_{12}	0.872	0.886	0.847
	f_{13}	0.791	0.818	0.885
	f_{14}	0.864	0.752	0.854
	f_{15}	0.761	0.788	0.865
	f_{16}	0.621	0.621	0.621
外部评价指标	f_{21}	0.814	0.811	0.814
	f_{22}	0.728	0.768	0.774
企业生命周期	f_{31}	0.593	0.759	0.885

表 4-25 新能源、高效能源行业自主创新模式选择二级指标模糊积分

总评价值	原始创新模式	集成创新模式	引进消化吸收再创新模式
内部评价指标	0.876	0.883	0.884
外部评价指标	0.801	0.804	0.806
企业生命周期	0.593	0.759	0.885

从表 4-25 中可以发现，新能源、高效能源企业在原始创新模式下的企业现状的得分为 I_1 (0.876, 0.801, 0.593)，在集成创新模式下新能源、高效能源企业的企业现状得分为 I_2 (0.883, 0.804, 0.759)，在引进消化吸收再创新模式下新能源、高效能源企业的企业现状得分为 I_3 (0.884, 0.806, 0.885)。根据模型建立中与理想解的接近程度的公式，通过计算得到：$S_{11} = 0.469$，$S_{21} = 1.327$，$C_1 = 0.261$；$S_{12} = 0.331$，$S_{22} = 1.415$，$C_2 = 0.189$；$S_{13} = 0.253$，$S_{23} = 1.488$，$C_3 = 0.145$。显然，$C_3 < C_2 < C_1$，又因为最小的 C_3 值代表的是引进消化吸收再创新模式，所以引进消化吸收再创新模式是新能源、高效能源企业最适宜的自主创新模式。

4.5.1.7 光机电一体化行业实证分析

同理，表 4-26 显示的是光机电一体化行业企业自主创新模式选择评价指标的四级指标模糊积分值，表 4-27 显示的是光机电一体化行业企业的三级指标模

糊积分值，表4-28显示的是光机电一体化行业企业的二级指标总评价值。

表4-26 光机电一体化行业自主创新模式选择四级指标模糊积分

指标		原始创新模式	集成创新模式	引进消化吸收再创新模式
内部评价指标	f_{111}	0.649	0.835	0.798
	f_{112}	0.752	0.883	0.752
	f_{113}	0.625	0.779	0.779
	f_{114}	0.834	0.834	0.834
	f_{121}	0.625	0.672	0.672
	f_{122}	0.572	0.760	0.760
	f_{131}	0.883	0.883	0.883
	f_{132}	0.652	0.767	0.767
	f_{133}	0.779	0.783	0.790
	f_{141}	0.825	0.764	0.662
	f_{151}	0.584	0.662	0.662
	f_{152}	0.605	0.605	0.605
	f_{161}	0.752	0.760	0.760
	f_{162}	0.760	0.760	0.760
外部评价指标	f_{211}	0.625	0.672	0.672
	f_{212}	0.752	0.779	0.752
	f_{213}	0.779	0.779	0.779
	f_{214}	0.832	0.832	0.832
	f_{221}	0.665	0.793	0.803
	f_{222}	0.634	0.854	0.865
	f_{223}	0.825	0.825	0.825
企业生命周期	f_{311}	0.668	0.895	0.779

表4-27 光机电一体化行业自主创新模式选择三级指标模糊积分

指标		原始创新模式	集成创新模式	引进消化吸收再创新模式
内部评价指标	f_{11}	0.828	0.874	0.831
	f_{12}	0.612	0.743	0.747
	f_{13}	0.867	0.863	0.869

续表

指标		原始创新模式	集成创新模式	引进消化吸收再创新模式
内部评价指标	f_{14}	0.825	0.764	0.662
	f_{15}	0.602	0.651	0.651
	f_{16}	0.758	0.766	0.766
外部评价指标	f_{21}	0.824	0.869	0.896
	f_{22}	0.801	0.848	0.859
企业生命周期	f_{31}	0.668	0.895	0.779

表 4-28 光机电一体化行业自主创新模式选择二级指标模糊积分

总评价值	原始创新模式	集成创新模式	引进消化吸收再创新模式
内部评价指标	0.857	0.871	0.860
外部评价指标	0.818	0.865	0.890
企业生命周期	0.668	0.895	0.779

从表 4-28 可以发现，光机电一体化企业在原始创新模式下的企业现状得分为 I_1 （0.857，0.818，0.668），光机电一体化企业在集成创新模式下的企业现状得分为 I_2 （0.871，0.865，0.895），在引进消化吸收再创新模式下光机电一体化企业的企业现状得分为 I_3 （0.860，0.890，0.779）。根据模型建立中与理想解的接近程度的公式，通过计算得到：$S_{11}=0.404$，$S_{21}=1.36$，$C_1=0.229$；$S_{12}=0.214$，$S_{22}=1.52$，$C_2=0.124$；$S_{13}=0.28$，$S_{23}=1.46$，$C_3=0.162$。显然 $C_2<C_3<C_1$，又因为最小的 C_2 值代表的是集成创新模式，所以集成创新模式就是光机电一体化企业最适宜的自主创新模式。

4.5.2 研究结论

4.5.2.1 电子信息行业

从电子信息行业企业自主创新模式的选择结果可以看出，最适合该行业企业的自主创新模式是集成创新模式，其次还可以适当采用引进消化吸收再创新模式，最不适合采用原始创新模式，具体分析如下：

集成创新模式是适合该行业企业的最佳自主创新模式。从表4-6可以看出，企业在拟定的集成创新模式下，在22个指标中，企业家创新精神和技术人员创新精神这2个指标的模糊积分值超过0.89，代表接近"非常好"的水平，说明在集成创新模式下企业家精神趋向于集成创新模式，技术人员具有较高的集成技术，善于融会贯通，能把现有技术有机地结合起来，从而创造出新的要素或者经济增长点，这对企业开展集成创新活动具有良好的促进作用。另外，研发投入各级指标、研发产出各级指标、企业员工创新精神、企业产权有利性、创新激励机制、财政政策完善程度以及企业生命周期有利性等指标的模糊积分值接近或达到0.89。根据表4-2可知，这代表这些指标达到了"很好"的水平。说明企业在集成创新模式下，具有创新资金、研发人员、成果转化、产权性质以及内部资源掌控方面的优势。但是，金融政策完善程度、政府采购完善程度、知识产权保护政策完善程度、技术资本市场完善程度、员工学习培训机制以及企业控制力及执行力的模糊积分值不高，特别是金融政策完善程度、政府采购完善程度、知识产权保护政策完善程度的模糊值相对较低，这是阻碍电子信息企业进行集成创新活动的重要因素。

为了促进企业又好又快发展，企业还可以考虑引进消化吸收再创新模式，在企业未来的发展战略选择中考虑实施集成创新模式和引进消化吸收再创新模式相结合的方式，进而提升企业自主创新能力和市场竞争力。目前，中国本土创新成功的关键高技术产业主要依靠大量的企业创新战略投入和持续地引进组织学习来提升自身创新能力（Li和Feng，2022）[55]。从表4-6可以看出，科技人员占比、销售收入占比、专利申请数、技术研发人员和员工创新意识、企业控制力、专利明晰度、创新激励机制、财政政策环境、技术完善程度、资本完善程度以及劳动力完善程度几项指标的模糊值均接近0.89，根据语意变量表可以知道这些指标接近"很好"水平，说明如果企业采用引进消化吸收再创新模式，那么企业在这些方面具有发展的潜力。

原始创新模式并不适合电子行业企业现阶段的发展。从表4-6可以看出，有9个指标的模糊值在0.76以下，根据表4-2可知，这些指标属于"普通"水平，还未达到"稍好"水平。这就说明企业现阶段还未达到原始创新活动的条件，原始创新活动要求企业拥有一个相对成熟完善的内外部环境，并且，企业目前所处的成长阶段也是不适合原始创新的。

4.5.2.2 航天航空行业

从航天航空行业企业的自主创新模式的选择结果可以看出，最适合该行业企业的自主创新模式是原始创新模式，其次还可以适当采用集成创新模式，最不适合该行业企业的就是引进消化吸收再创新模式，具体分析如下：

原始创新模式是适合该行业企业的最佳自主创新模式。从表4-11可以看出，企业在拟定的集成创新模式下，在22个指标中，科技活动人员占比、技术创新能力、信息吸收能力、企业申请专利数量、技术人员创新意识、产品专利性质明晰程度、企业执行力、员工学习培训机制、技术市场完善度以及企业生命周期这10个指标的模糊积分值接近0.89；根据表4-2可知，这代表这些指标达到或超过了"很好"的水平，说明企业在创新活动的技术人员、技术创新能力、对新知识新技术的吸收消化能力、技术研发人员创新意识、专利申请量、新产品专利明晰程度、企业执行能力、员工吸收新知识新技术的培训以及生命周期方面具有优势。但是企业的模糊积分值在资本市场、政府采购政策以及金融政策的完善程度方面都不高，表明这些方面是航空航天行业进行创新活动所面临的主要阻力。

另外，企业还可以适当考虑采用集成创新模式，在未来的发展中，可将集成创新与原始创新相结合来作为企业的发展战略，这有助于企业提高创新能力，能使企业在日益激烈的竞争中提高市场竞争能力。从表4-11还可以看出，企业技术创新能力、信息吸收能力、技术研发人员创新意识、企业产权性质明晰程度以及企业生命周期这5个指标的模糊积分值接近或达到0.89；根据表4-2可知，这代表了这些指标接近或达到"很好"水平，说明企业比较适合采取集成创新模式，并且在集成创新模式下，企业在这些方面的发展空间会比较大。

航天航空行业企业在现阶段不适宜采取引进消化吸收再创新模式。从表4-11可以看出，企业家创新精神、企业控制力、金融政策环境完善程度、政府采购政策完善程度和企业生命周期这5个指标的模糊积分值低于或仅达到0.675；根据表

4-2可知,这些指标低于或仅达到"一般"水平。也就是说,企业家对引进消化吸收再创新模式下的创新活动精神缺乏、企业对自身的战略规划及运营调整能力较弱、企业融资环境较差、政府需求的引领作用仍有待加强,以及企业当前所处的生命周期不适宜采取引进消化吸收再创新模式。

4.5.2.3 生物医药行业

从生物医药行业企业自主创新模式的选择结果中可以看出,最适合该行业企业的自主创新模式是引进消化吸收再创新模式,其次可以适当采用集成创新模式,最不适合该行业企业的就是原始创新模式,具体分析如下:

适合生物医药行业企业的最佳自主创新模式是引进消化吸收再创新模式。从表4-14可以看出,企业在拟定的集成创新模式下,在22个指标中,企业家创新精神、知识产权保护政策、技术市场完善程度以及企业生命周期这4个指标的模糊积分值达到或超过0.89;根据表4-2可知,表明指标达到了"很好"的水平,说明企业家具有很强的创新精神,企业在创新成果方面具有独占性,能够为企业不断提供技术服务的市场,以及企业拥有生命周期优势。企业R&D经费占比、企业科技活动人员占比、技术创新能力、信息吸收能力、企业控制力、员工学习培训机制完善程度、财政政策环境完善程度这7个指标的模糊积分值接近0.89,表明指标接近"很好"的水平,说明企业创新资金能够达到引进消化再吸收创新模式的要求、企业内拥有具有生产创新背景的人才,企业提高技术实力的主要途径是技术积累,并且也具备了较强的技术信息吸收能力,企业具有较强的控制执行能力,具有较为完善的员工培训机制以及较好的财政政策支持。不过,企业专利申请数量以及劳动力市场完善程度的模糊积分值都不高,表明这些方面是生物医药行业企业进行创新活动受到阻碍的原因。

综合分析发现,在今后的企业战略中,生物医药行业企业还可以适当考虑采用集成创新模式,在未来的发展中,可将引进消化吸收再创新模式与集成创新模式相结合,以实现在今后市场竞争中竞争能力和自主创新能力的增强与提高。从表4-14可以看出,企业家精神和知识产权保护政策达到或超过0.89;根据表4-2可知,这代表指标接近或达到"很好"水平,表明企业比较适合采取集成创新模式，并且在集成创新模式下，企业在这些方面的发展空间会比较大。

生物医药行业企业现阶段不适宜采取原始创新模式。从表4-14可以看出，企业R&D经费占比、技术创新能力、新产品销售收入占比、企业申请专利数量、技术研发人员和员工创新意识、创新激励机制完善程度、资本市场完善程度、企业生命周期这些指标的模糊值在0.675以下；根据语意变量表，表明这些指标接近或达到"一般"水平。换言之，企业开展原始创新活动时会出现缺乏资金、技术能力不足、产品专利量少、技术人员和企业员工没有足够的原始创新意识、企业创新激励机制缺乏、生物医药行业的企业大多为保守型投资者等问题，因此，该行业企业目前所处的成长阶段不太适合企业进行原始创新活动。

4.5.2.4 环境保护行业

从环境保护行业企业自主创新模式的选择结果可以看出，最适合该企业的自主创新模式是引进消化吸收再创新模式，其次还可以适当采用集成创新模式，最不适合该行业企业的是原始创新模式，具体分析如下：

适合环境保护行业企业的最佳自主创新模式是引进消化吸收再创新模式。从表4-17可以看出，企业在拟定的集成创新模式下，在22个指标中，科技活动人员占比、技术创新能力、新产品销售收入占比、企业家创新精神、技术人员和员工创新意识、产品专利申请量、企业控制力和执行力、创新激励机制、政府采购政策完善度以及企业生命周期这12个指标的模糊积分值接近或超过0.89；根据表4-2可知，该模糊值代表指标接近或达到了"很好"的水平，说明企业在技术人员、产品销售的收入、技术创新能力、企业家以及员工的创新精神和意识、专利申请量、政府的采购政策以及生命周期方面具有优势，这会促进企业的创新发展。但是，企业在技术市场完善程度、政府的财政政策和金融政策支持方面模糊积分值表现不理想，这些都是环境保护行业企业未来自主创新发展的阻碍因素。

综合分析发现，在今后的企业战略中，企业还可以适当采用集成创新模式，将引进消化吸收再创新模式与集成创新模式相结合，增强企业的核心竞争力以及自主创新能力。从表4-17可以看出，企业科技活动人员占比、企业家创新精神、企业员工创新意识、企业控制力以及创新激励机制完善程度达到或超过0.89；根据语意变量表，有2个指标达到或超过"很好"水平，说明企业采取集成创新模式是相对适合的，并且在集成创新的模式下，企业未来会释放出较大的活力。

从现阶段的实际情况来看，原始创新模式并不适合环境保护行业企业。从表4-17中发现，企业R&D经费占比、技术创新能力、企业申请专利数量、财政政策环境完善程度、金融政策环境完善程度、资本市场完善程度和企业生命周期这7个指标的模糊值低于或接近0.675；根据语意量表，这些指标低于或接近"一般"水平。换言之，企业开展原始创新活动时会遇到缺乏资金、技术能力不足、产品专利量少、政府的财政金融政策支持力度不够、环境保护行业的企业大多为保守型投资者等问题，因此原始创新活动不适合运用于该行业企业当前所处的成长阶段。

4.5.2.5 新材料行业

从新材料行业企业自主创新模式的选择结果可以看到，最适合该行业企业的自主创新模式是集成创新模式，其次还可以适当采用原始创新模式，最不适合新材料行业企业的是引进消化吸收再创新模式，具体分析如下：

集成创新模式是适合该行业企业的最佳自主创新模式。从表4-20可以看出，企业在拟定的集成创新模式下，在22个指标中，企业R&D经费占比、企业科技活动人员占比、技术创新能力、企业家创新精神、技术研发人员和员工创新意识、企业产权性质的明晰程度、企业控制力和执行力、劳动力市场完善程度和企业生命周期这11个指标的模糊积分值达到或超过0.89；根据表4-2语意变量表，代表这些指标达到或超过了"很好"的水平，说明企业创新活动资金充足、技术的集成整合能力较强、企业技术研发人员和员工创新意识浓厚、新产品产权明晰、企业具有良好的控制和执行能力、市场具有大量技术集成背景的创新人才以及拥有企业生命周期优势。但是该行业企业在技术市场完善程度、政府的财政政策和金融政策支持方面模糊积分值都不高，这是阻碍新材料行业进行集成创新活动的重要原因。

企业还可以适当采用原始创新模式，可以考虑将集成创新与原始创新结合作为未来企业的发展战略，提高企业自主创新能力，使企业在越来越激烈的市场竞争中增强竞争能力。从表 4-20 可以看出，企业科技活动人员占比、技术创新能力、企业家创新精神、技术研发人员和员工创新意识、企业产权性质的明晰程度、创新激励机制完善程度以及劳动力市场完善程度这 8 个指标接近或超过 0.89；根据语意变量表，代表这 2 个指标接近或超过"很好"水平，说明原始创新模式是企业比较适合的自主创新模式，并且在原始创新模式的引领之下，未来企业将拥有巨大的发展潜力。

新材料行业企业在现阶段不适宜采取引进消化吸收再创新模式。从表 4-20 可以看出，企业 R&D 经费占比、科技活动人员占比、新产品销售收入占比、企业申请专利量、财政政策和金融政策完善程度、技术市场完善程度这 7 个指标模糊值低于或达到 0.675；根据语意变量表，这些指标低于或达到"一般"水平，说明企业在进行引进消化吸收再创新活动时，会遇到创新活动的经费及研发人员不达标、企业的新产品的产出及应用能力较弱、企业专利申请量较少、政府对企业的财政支持力度有待加强、企业创新活动的融资环境有待加强以及企业所处的技术市场不发达等问题。由此分析得出，当前该行业企业所处的成长阶段采用引进消化吸收再创新活动是不合适的。

4.5.2.6　新能源、高效能源行业

从新能源、高效能源行业企业自主创新模式的选择结果可以看出，引进消化吸收再创新模式是适合该企业的最佳自主创新模式，其次还可以适当采用集成创新模式，最不适合该行业企业的是原始创新模式，具体分析如下：

引进消化吸收再创新模式能够使新能源高效能源行业企业更好地进行自主创新。从表 4-23 提供的信息可以看出，企业在拟定的引进消化吸收再创新模式下，在 22 个指标中，科技活动人员占比、信息吸收能力、新产品销售收入占比、企业家创新精神、技术研发人员创新意识、产品专利性质明晰程度、企业执行力以及企业生命周期这 8 个指标的模糊积分值接近或达到 0.89；根据表 4-2 可知，这些指标的模糊值表示这些指标接近或达到了"很好"的水平，说明企业在创新活动的技术研发人员的数量及质量、外界新知识新技术的吸收消化能力、新产

品销售收入的占比、企业家对引进消化吸收再创新活动的偏好、新产品专利明晰程度、企业执行能力以及生命周期方面具有优势。但是企业在专利申请的数量、创新激励机制完善程度、员工学习机制的完善程度以及金融政策完善程度方面的模糊积分值都不高，这表明以上都是阻碍新能源、高效能源行业企业进行创新活动的重要因素。

为了长远发展，新能源、高效能源行业企业还可以适当采用集成创新模式，可以考虑将集成创新模式与引进消化吸收再创新模式相结合，进而提高企业自主创新能力和市场竞争力。由表4-23可以发现，企业科技活动人员占比、企业对外部新知识吸收能力以及新产品销售收入占比这3个指标接近或超过0.89；根据语意变量表，代表这些指标接近或超过"很好"的水平，说明集成创新模式是企业进行自主创新可选择的，并且在集成创新模式的引领之下，企业将在以后的发展中释放无限的潜力。

目前，原始创新模式并不适合新能源、高效能源行业企业。表4-23的结果显示，企业R&D经费占比、企业技术创新能力、企业申请专利量、创新激励机制完善程度、员工学习培训机制完善程度、金融政策完善程度、资本市场完善程度以及企业生命周期这8个指标模糊值低于或达到0.675以下；根据表4-2可知，表明这些指标低于或达到"一般"水平。换言之，企业开展原始创新活动时会遇到缺乏资金、技术能力不足、对创新活动投入的研发经费不足、企业专利申请量较少、企业内部对促进员工的原始创新激励措施有待加强及完善、原始创新活动的各项资金支持及研发的财力投入缺乏、资本市场不健全以及企业所处生命周期不适宜原始创新等问题，因此现阶段新能源、高效能源企业不适合进行原始创新活动。

4.5.2.7 光机电一体化行业

由光机电一体化行业企业自主创新模式的选择结果可以看出，集成创新模式是适合该企业的最佳自主创新模式，其次还可以适当采用引进消化吸收再创新模式，最不适合该行业企业的是原始创新模式，具体分析如下：

集成创新模式是适合该行业企业的最佳自主创新模式。从表4-26可以看出，企业在拟定的集成创新模式下，在22个指标中，企业R&D经费占比、科技活动人员占比、信息吸收能力、企业家创新精神、资本市场完善程度以及企业生命周期这6个指标的模糊积分值接近0.89；根据表4-2可知，表明这些指标接近或达到了"很好"的水平，说明该行业企业在创新活动的研发资金投入、创新活动的技术研发人员的数量及质量、外界新知识新技术的吸收消化能力、企业家对集成创新活动的偏好、对分散降低集成创新风险以及生命周期方面具有优势。但是在新产品销售收入占产品销售总收入比重、企业控制力、企业执行力以及财政政策环境完善程度方面，模糊积分值都不高，表明这些都是光机电一体化行业企业进行创新活动的阻碍因素。

为了实现长远发展的战略目标，企业还可以适当采用引进消化吸收再创新模式，在今后的企业战略选择中，可考虑将集成创新模式和引进消化吸收再创新模式相结合，进而提高企业自主创新能力和市场竞争力。从表4-26可以看出，企业家创新精神、资本市场完善程度、知识产权保护政策完善程度这3个指标的模糊值接近或超过0.89；根据表4-2可知，代表这些指标接近或超过"很好"水平，说明该行业企业比较适合采取引进消化吸收再创新模式，并且在引进消化吸收再创新模式下，企业在这些方面的发展空间会比较大。

光机电一体化行业企业现阶段不适宜采取原始创新模式。从表4-26可以看出，企业R&D经费占比、技术创新能力、新产品销售收入占比、企业申请专利量、技术研发人员的原始创新意识、企业控制力与执行力、金融政策和政府采购政策完善程度、企业生命周期这10个指标模糊值低于或达到0.675；根据表4-2可知，表明这些指标低于或达到"一般"水平。换言之，企业在开展原始创新活动时会遇到缺乏资金、技术能力不足、对创新活动投入的研发经费不足、企业的技术人员缺乏创新意识以及企业原始创新能力不达标、企业的新产品的产出较弱、企业专利申请量较少、企业对企业原始创新活动的控制和执行能力较弱、原始创新和创新成果产业化的资金支持以及深入研究开发的财力投入缺乏、政府需求的引领作用较弱、企业所处生命周期不适宜原始创新等问题。由此说明，目前该行业企业不适合企业进行原始创新活动。

综合上述实证分析结果,由于陕西省各行业企业所处的内外部因素以及生命周期的不同,各行业企业在自主创新活动中适宜的自主创新模式也不同。在这7个行业企业中,航天航空行业企业最适合原始创新模式;电子信息行业企业、新材料行业企业、光机电一体化行业企业最适合集成创新模式;生物医药行业企业、环境保护行业企业、新能源高效能源行业企业最适合引进消化吸收再创新模式。

本章小结

本章首先对自主创新模式选择评价指标体系构建原则进行了梳理,并构建了企业自主创新模式选择的评价指标体系,对各个评价指标的内涵进行了详细说明;其次,根据企业自主创新的现状,在利用模糊积分评价方法的基础上,构建出适合企业自主创新能力评估的模糊积分评价模型;再次,结合SPACE法(战略地位和行动评价方法),运用模糊积分法建立了评价指标的权重和评定标准,创建了企业自主创新模式选择模型;最后,进行了关于模型的解释说明。在实际测算中,本章以陕西省企业为对象,主要通过网上问卷在线填写方式收集研究所需数据,分别对其涵盖的电子信息、航天航空、生物制药技术、环境保护、新材料、新能源高效能源、光机电一体化7个行业企业进行自主创新模式选择实证分析,以行业为分类标准对陕西省企业自主创新模式选择进行研究,探究陕西省各类行业企业的自主创新模式选择。通过实证分析,本章归纳了陕西省不同行业企业如何根据自身现状选择适合的创新模式。

5 自主创新细分政策对企业创新效率影响实证研究

5.1 研究假设

5.1.1 科技投入政策与企业创新效率

科技投入一般是指在科技事业发展中所投入的人力、物力和财力；科技投入政策则是政府通过调整科技发展中人力、物力以及财力的投入力度调控科技发展方向的政策。在内容的制定上要求科技投入政策具有一定的科学性，在执行上要求其具有便捷性、及时性以及保障性。在科技投入政策对企业创新效率影响的研究中，梅桥（2010）[56]认为，科技投入一般从科技人力资源投入和资金投入两个方面进行考虑，因此研发人员（R&D人员）和研发资金的投入是科技投入政策的两个重要方面。投入时要保持数量适中，人员和资金的投入量太大或太少都会对研发活动产生影响：超量的投入对科研活动效率会产生边际效应，在递减影响的同时会浪费相关的科研资源；相反，如果投入量过少，则可能会降低科研活动的效率并会放缓开发、推广和应用新技术的进程。孙青（2022）[57]基于

2003—2019年长江经济带的统计数据,应用空间杜宾模型分析了国家财政科技投入对科技创新的影响。结果显示,财政科技投入在提升区域科技创新的能力方面成效显著。苗慧等(2010)[58]认为,政府财政科技投入与研发人员投入是衡量科技投入政策影响企业创新的两个重要指标,对企业创新的产出起着重要作用。

综上所述,本章提出以下假设:

H1:科技活动人员投入政策对陕西省企业创新效率有显著的正向影响。

H2:研发经费支出政策对陕西省企业创新效率有显著的正向影响。

5.1.2 税收激励政策与企业创新效率

政府给予企业的税收优惠属于政府对企业创新的一种间接支持,主要表现为适当地减免创新企业的企业所得税、个人所得税以及营业税。但政府的这种间接支持政策仍存在一些问题,如能够享受税收减免政策的企业划分范围太小以及制定的相关税收优惠条款不够完善。税收优惠政策的内容制定要具有一定的科学性,且政策的执行要达到覆盖性、便捷性、及时性以及保障性的要求。对于税收优惠政策给企业创新效率造成的影响,武普照等(2012)[59]认为,税收激励政策主要从两个方面实现对企业创新的推动:一是对纳税对象、税基、税率的确定;二是通过税法中的一些特殊条款给企业创新活动以优惠待遇,如增值税税收激励方面的条款。Ding等(2021)[60]以中国为例,对税制改革如何影响企业的创新行为进行了研究;研究结果表明,中国增值税改革对企业创新具有积极影响,这一结论是稳健的,税收政策的不同能够显著地影响企业的创新情况。周丽娟等(2013)[61]研究了税收激励政策的实施与企业研发投入量之间可能存在的关系,得出的结论是,税收激励政策对高新技术企业R&D投入有正向的激励作用,且该激励作用是通过政府补助的方式实现的。为了提高企业的自主创新能力和效率,企业应增加研究开发费支出额,政府应扩大经职能部门认定的研究开发费支出范围。综合以上论述,本章提出以下假设:

H3:企业研究开发费支出额对陕西省企业创新效率有显著的正向影响。

H4：增加经职能部门认定的研究开发费支出额对陕西省企业创新效率有显著的正向影响。

H5：因享受该政策实际抵扣（150%）的应纳税所得额对陕西省企业创新效率有显著的正向影响。

H6：减免企业所得税的上交额对陕西省企业创新效率有显著的正向影响。

5.1.3 金融支持政策与企业创新效率

金融支持政策是政府为了提高科技型中小企业创新效率而采取的政策，该政策主要是通过向金融机构提供财政补贴的方式引导金融机构为科技型中小企业提供科技信贷、科技保险和融资担保，使科技型中小企业有更多的融资渠道，从而降低其融资成本。财政补贴的具体形式包括向金融机构提供风险补偿、贷款奖励以及保费补贴等。金融支持政策的内容制定要具有一定的科学性，且政策的执行应当满足覆盖性、便捷性、及时性以及保障性的要求。对于金融支持政策对企业创新效率的影响，张宏彦（2012）[62]认为，现代社会的金融机构具有产业扶植、政策引导和金融服务等责任，且能够通过针对科技创新活动的信贷政策、资本市场直接融资、支持科技创新活动的风险投资、高新技术企业的资信评估和信用担保等方式对企业创新提供资金支持。Kim等（2020）[63]以2014年韩国制造业创新调查数据为基础，采用逻辑回归和倾向得分的实证分析方法，研究了金融支持对企业创新合作与产出的影响；研究结果显示，金融支持会导致整体合作和创新产出增加，此外，影响的程度会随着政策方案而变化。蒲艳等（2012）[64]通过对国内外多位相关学者的研究结果进行分析，指出金融支持政策会对企业创新产生较大的影响。

综上所述，本章提出以下假设：

H7：增加中小企业信用担保贷款对陕西省企业创新效率有显著的正向影响。

H8：普通商业银行贷款对陕西省企业创新效率有显著的正向影响。

H9：国家重大科技项目政策性贷款对陕西省企业创新效率有显著的正向影响。

5.1.4 政府采购政策与企业创新效率

政府采购政策对企业创新效率同样会产生积极的影响，政府采购政策主要通过采购产品的选择和对不同产品的订购力度，在引导企业创新方向的同时提升企业的自主创新力度，以达到加速新兴产业产品研发和推广的目的。政府采购政策的内容制定要具有一定的科学性，且政策的执行符合便捷性、及时性以及保障性的要求。对于政府采购政策与企业创新效率影响的研究，韩凤芹等（2011）[65]认为，在促进高技术产业发展过程中，政府采购作为宏观调控工具之一，通过政府自身采购及其他途径增加对企业产品的采购资金，为企业资金来源提供了重要渠道。邓乐元等（2003）[66]认为，政府采购通过为技术创新创造良好条件、进行规格要求、为企业创新降低风险等方式对技术创新产生积极作用，有效推动了企业经济的发展。姜爱华等（2021）[67]以2015—2019年上市公司为研究对象，通过整理中国政府采购网中上市公司获得政府采购订单数据，实证检验政府采购对企业创新的影响；实证结果表明，政府采购能够显著促进企业创新。Hanson等（1982）[68]通过对比研发投入和政府采购对企业创新的影响，得出以下结论：相较于研发投入，政府采购能够在更长的期限内发挥对企业创新的激励作用，同时政府采购的激励范围也会变得更加广泛。从资金角度来看，政府采购金额是政府采购政策的衡量方式，即采购金额越多，说明政府采购政策的落实力度越大。

综上所述，本章提出以下假设：

H10：采购金额对陕西省企业创新效率有显著的正向影响。

5.1.5 引进消化吸收再创新政策与企业创新效率

与自主创新不同的是，引进消化吸收再创新政策是对已有的他人技术进行消化、吸收，并以此为基础进行再创新，从而创造出不同于现有技术的新技术、新工艺或新产品。在学术方面，引进消化吸收再创新政策与自主创新政策最主要的差别在于初始技术的来源。引进消化吸收再创新政策的内容制定要具有一定的科学性，且政策的执行符合覆盖性、便捷性、及时性以及保障性的要求。在引进消化吸收再创新政策对企业创新效率影响的研究中，乔为国等（2010）[69]认为，引进消化吸收再创新模式是企业进行技术创新的重要方式，对已有技术的引进是进行创新的基础，对引进的技术进行消化吸收，然后在消化吸收的基础上进行再创新，这是技术创新的关键和目的。林春培等（2009）[70]提出，引进消化吸收再创新的主要特征包括两点：一是对企业相关技术能力的进一步升级；二是对企业相关技术创新模式的进一步革新。企业进行引进消化吸收再创新的目的在于企业为适应当前环境进行技术的变革与升级。企业进行引进技术和消化吸收的经费金额是引进消化吸收再创新政策在资金方面的衡量方式，金额越多，说明落实引进消化再吸收再创新政策的力度就越大。

综上所述，本章提出以下假设：

H11：引进技术的经费金额对陕西省企业创新效率有显著的正向影响。

H12：消化吸收的经费金额对陕西省企业创新效率有显著的正向影响。

5.2 方法介绍

5.2.1 DEA方法介绍

数据包络分析（DEA）法是衡量投入与产出这一比值关系的方法，也是效率评估最常用、最适用的办法，能够研究多投入与多产出的问题。有研究证明，DEA对于各组织绩效的衡量、多属性决策的问题也很适用，是一种重要的分析工具。

通过第2章对企业自主创新效率相关文献的分析可以发现，DEA方法更适用于衡量创新效率方面的问题。此外，DEA方法用来对高新技术产业等科技创新活动的创新效率进行分析也很适合。由于自主创新是一个较为庞大、复杂的系统，不但要考虑企业的创新、投入资源等内部因素，还要考虑政策、环境、设备、信息水平等外部因素的影响,且这些因素构成的函数关系并不显著,因此需借助 DEA 方法的准确性、专业性来计算出具体衡量企业效率的指标,如综合技术效率、纯技术效率和规模效率等。

5.2.2 多元回归模型概述

在多元回归模型中一般包含被解释变量 Y 与 k 个解释变量 X_1, X_2, X_3, X_4, ⋯, X_k。多元回归模型的一般形式为:

$$Y_i = \beta_0 + \beta_1 X_{1i} + \beta_2 X_{2i} + \beta_3 X_{3i} + \beta_4 X_{4i} + \cdots + \beta_k X_{ki} + u_i \tag{5-1}$$

多元回归模型中,X_{1i}, X_{2i}, X_{3i}, X_{4i}, ⋯, X_{ki} 分别代表不同的影响因素,通常是提前设定好的,也被称为自变量或是解释变量;Y_i 是预测目标,是多元回归模型中研究的对象,通常也被称为因变量或被解释变量;u_i 是模型中的随机误差项,它表示各种随机因素对被解释变量 Y_i 影响的总和,且服从正态分布,即 $u_i \sim N(0, \sigma^2)$;β_k ($k=0, 1, 2, \cdots, k$) 则是多元线性回归模型中的回归参数,k 表示的是多元线性回归模型中解释变量的个数。

在回归函数中,各个回归参数是未知的,因此要通过样本观测值对回归系数进行估计。对样本观测值利用最小二乘估计法,可得到标准方程组,进而得到多元线性样本回归的方程模型。

通过对多元回归模型进行检验,可判断建立的多元回归模型对现实经济现象的反映程度,即是否符合客观经济规律、能否很好地揭示经济现象之间的关系。

5.3 变量选取与模型设定

在研究自主创新政策对企业创新效率的影响时,遇到的第一个问题是如何选择变量并进行数据处理。数据是进行模型分析的基础,因此要慎重选择数据并确定恰当的数据度量标准。本书主要是以前人研究成果为基础，以定量的方式对自主创新政策与自主创新效率的关系进行深入分析，并根据实际情况对模型中所选的指标进行修正以及补充。

5.3.1 变量选取

5.3.1.1 自主创新政策变量选取

前文提到，陕西省的企业自主创新政策主要包括科技投入、税收激励、金融支持、政府采购与引进消化吸收再创新这五个方面，本章的目的是分析这五类具体的自主创新政策对企业创新效率的影响情况。前文也指出，自主创新政策对企业创新效率的影响主要是通过资金、人员、时间等方面的投入与激励来实现的。其中，科技投入政策和税收激励政策是通过企业研究开发费支出额、经职能部门认定的研究开发费支出额、因享受该政策实际抵扣（150%）的应纳税所得额和少缴的企业所得税额，降低企业创新成本和增加创新资金；金融支持政策对企业创新效率的影响体现在金融机构对企业的贷款、引导性基金、融资、保险等政策性资金支持；政府采购政策则是将采购金额作为衡量影响企业创新效率的指标；引进消化吸收再创新政策是将引进技术的经费金额和消化吸收的经费金额作为其衡量指标，进而研究引进消化吸收再创新政策对企业创新效率的影响情况。

5.3.1.2 企业创新效率变量选取

研究自主创新政策对企业的创新效率的影响，还需要对企业的创新效率进行测量。用来衡量企业创新效率的变量就是企业创新的技术效率值，它是企业创新综合效率、纯技术效率、规模效率三个指标的平均值，能够较好地体现企业创新的整体效率状况。其具体的投入指标有企业年末从业人员数、企业 R&D 人员数及 R&D 活动人数折合全时当量、企业技术改造经费、企业 R&D 经费支出；产出指标有企业的专利申请数、专利授权数、净利润及总收入。

根据以上论述，对本书中所提及的各变量衡量指标的选取如表5-1所示。

表 5-1 各类变量衡量指标

指标类别			指标名称
自变量	科技投入政策		科技活动人员（β_1）
			研发经费支出（β_2）
	税收激励政策		企业研究开发费支出额（β_3）
			经职能部门认定的研究开发费支出额（β_4）
			因享受该政策实际抵扣（150%）的应纳税所得额（β_5）
			少缴的企业所得税额（β_6）
	金融支持政策		中小企业信用担保贷款（β_7）
			普通商业银行贷款（β_8）
			国家重大科技项目政策性贷款（β_9）
	政府采购政策		采购金额（β_{10}）
	引进消化吸收再创新政策		引进技术的经费额（β_{11}）
			消化吸收的经费额（β_{12}）
因变量	平均效率	投入	企业 R&D 活动人员占企业总人数的比重（%）（I_1）
			R&D 经费支出（万元）（I_2）
			技术改造经费（万元）（I_3）
		产出	专利申请量（件）（O_1）
			专利授权量（件）（O_2）
			净利润（万元）（O_3）
			总收入（万元）（O_4）

5.3.2 模型设定

根据之前的模型假设，本书对科技投入政策、税收激励政策、金融支持政策、政府采购政策以及引进消化吸收再创新政策建立多元回归模型，如式（5-2）所示：

$$Y=\beta_0+\beta_1 X_1+\beta_2 X_2+\beta_3 X_3+\beta_4 X_4+\beta_5 X_5+\beta_6 X_6+\beta_7 X_7+\beta_8 X_8+\beta_9 X_9+\beta_{10} X_{10}+\beta_{11} X_{11}+\beta_{12} X_{12}+\varepsilon \tag{5-2}$$

其中，$\varepsilon \sim N(0, \sigma^2)$。$Y$ 为因变量，其衡量的是不同政策对应下企业自主创新效率的大小；X 为自变量，代表的是自主创新政策对企业创新效率的影响因素的指标；β 为不同政策对企业创新效率影响因素的相关系数；ε 为随机误差项。

5.4 实证分析

5.4.1 企业科技创新效率

2010年、2011年企业科技创新效率情况如表5-2所示。

表5-2 企业科技创新效率统计情况

一级指标	二级指标	2011年	2010年
创新投入	企业R&D活动人员占企业总人数的比重（%）	16.45	52.71
	R&D经费支出（万元）	3091625	651059
	技术改造经费（万元）	2528630	1521998.47
创新产出	专利申请量（件）	1461	870
	专利授权量（件）	896	505
	净利润（万元）	7543542	3729170
	总收入（万元）	150530678	82383565

资料来源：根据调研样本企业数据整理。

5.4.2 基于DEA的陕西省企业创新效率分析

2009—2011年基于DEA测算的陕西省企业创新效率情况如表5-3所示。

表5-3 陕西省企业创新效率情况

年份	综合效率	纯技术效率	规模效率	平均效率
2009	0.567	0.785	0.684	0.679
2010	0.642	0.819	0.763	0.741
2011	0.604	0.854	0.680	0.713

资料来源：根据调研样本企业数据计算。

5.4.3 陕西省自主创新政策对企业创新效率的实证分析

5.4.3.1 模型检验及分析

首先，对原始数据进行标准化处理，其目的是消除因数据的量纲和数量级不同而对结果带来的影响。其次，为了研究自主创新政策对企业创新效率的影响，根据上述构建的多元回归模型，使用 SPSS 21.0 软件将经过标准化处理的各变量数据代入前文设定的模型中进行多元回归分析，对输出结果进行拟合优度检验、自相关性检验、回归模型整体显著性检验。最后，得到的结果为：模型多元相关系数 R 显示为 0.903，可决系数（拟合优度）R^2 为 0.927，调整后的可决系数即修正后的拟合优度为 0.930，这些数据表明本书设定的回归模型是有较强的解释能力的，同时并没有出现由于变量的增加而导致模型出现过度拟合的现象。与此同时，模型因变量的总变异性中被自变量解释的程度在 60% 以上，这说明本书构建的陕西省自主创新政策对企业创新效率影响模型拟合效果是达到预期的，本书中所选取的绝大多数解释变量（自主创新政策的影响因素）对被解释变量（企业创新效率）的绝大部分差异基本都能够做出相应的解释，通过了拟合优度检验。另外，该模型在 DW 统计检验中结果为 2.055，与杜宾-瓦森统计检验值 2 接近，通过了 DW 检验，由此可以得出结论，本书设定的模型不存在空间自相关。

模型检验后，模型回归系数如表 5-4 所示。

表 5-4 模型回归系数

项目	非标准系数 B	Std. Error	标准系数 Beta	t	Sig.
β_0	0.768	0.031		0.000	1.000
β_1（科技活动人员）	1.102	0.029	1.098	37.844	0.000
β_2（研发经费支出）	0.995	0.028	0.882	32.558	0.000
β_3（企业研究开发费支出额）	0.798	0.026	0.746	25.462	0.003
β_4（经职能部门认定的研究开发费支出额）	-0.802	0.024	-0.782	-27.524	0.178
β_5［因享受该政策实际抵扣（150%）的应纳税所得额］	0.633	0.023	0.693	20.486	0.00

续表

项目	非标准系数 B	Std. Error	标准系数 Beta	t	Sig.
β_6（少缴的企业所得税额）	0.504	0.024	0.556	17.354	0.126
β_7（中小企业信用担保贷款）	0.675	0.026	0.612	23.421	0.010
β_8（普通商业银行贷款）	0.492	0.021	0.524	14.556	0.000
β_9（国家重大科技项目政策性贷款）	0.327	0.022	0.483	10.275	0.446
β_{10}（采购金额）	0.472	0.022	0.506	14.397	0.000
β_{11}（引进技术的经费额）	0.346	0.024	0.413	11.646	0.004
β_{12}（消化吸收的经费额）	0.297	0.022	0.372	8.249	0.623

注：因变量=F。

5.4.3.2 多元回归模型结果分析

对模型输出结果进行检验，即用 t 和 p 值来检验每个变量的显著性。如表5-4所示，其中经职能部门认定的研究开发费支出额（β_4）、少缴的企业所得税额（β_6）、国家重大科技项目政策性贷款（β_9）、消化吸收的经费额（β_{12}）未通过检验。具体分析结果如下：

表5-4中显示"科技活动人员"系数 β_1 的统计值的数值为37.844，p值为0，明显小于0.05，拒绝原假设，说明"科技活动人员"这个变量是显著的，所以科技活动人员投入政策对陕西省企业创新效率（Y）有显著正向的影响，这也表明政府增加对企业的科技活动人员数量可促进企业提升创新效率。因此，H1成立。

表5-4中显示"研发经费支出"系数 β_2 的统计值的数值为32.558，p值为0，明显小于0.05，拒绝原假设，这证明"研发经费支出"这个变量是显著的，所以研发经费支出政策对陕西省企业创新效率（Y）有显著正向的影响，表明政府增加对企业的科技活动的研发经费支出可促进企业提升创新效率。因此，H2成立。

表5-4中显示"企业研究开发费支出额"系数 β_3 的统计值为25.462，p值为0.003，是小于0.05的，拒绝原假设，说明"企业研究开发费支出额"这个

变量是显著的，企业研究开发费支出额对陕西省企业创新效率（Y）有显著正向的影响，表明企业增加研究开发费支出额可促进企业自身提升创新效率。因此，H3成立。

表5-4中显示"经职能部门认定的研究开发费支出额"系数β_4的统计值为-27.524，系数为-0.802，p值为0.178，大于0.05，说明变量"经职能部门认定的研究开发费支出额"这一变量是不显著的，增加经职能部门认定的研究开发费支出额对陕西省企业创新效率（Y）的影响不显著，且是负向的影响关系，说明政府增加对企业的经职能部门认定的研究开发费支出额对促进企业提升创新效率有一定的反向影响。因此，H4不成立。

表5-4中显示"因享受该政策实际抵扣（150%）的应纳税所得额"系数β_5的统计值为20.486，p值小于0.05，拒绝原假设，说明变量"因享受该政策实际抵扣（150%）的应纳税所得额"是显著的，因享受该政策实际抵扣（150%）的应纳税所得额对陕西省企业创新效率（Y）有显著正向的影响，表明政府落实因享受该政策实际抵扣（150%）的应纳税所得额政策可促进企业提升创新效率。因此，H5成立。

表5-4中显示"少缴的企业所得税额"系数β_6的统计值为17.354，p值为0.126，大于0.05，说明变量"少缴的企业所得税额"是不显著的，说明减免企业所得税的上缴额对陕西省企业创新效率（Y）的影响不显著，这也表明政府减免企业的所得税上缴额并不能明显地促进企业提升创新效率。因此，H6不成立。

表5-4中显示"中小企业信用担保贷款"系数β_7的统计值为23.421，p值为0.01，小于0.05，拒绝原假设，说明"中小企业信用担保贷款"这个变量是显著的，中小企业信用担保贷款的增加对陕西省企业创新效率（Y）有显著正向影响，这也表明在政府的推动下，中小企业信用担保贷款的增加可促进企业提升创新效率。因此，H7成立。

表5-4中显示"普通商业银行贷款"系数β_8的统计值的数值为14.556，p值为0，明显小于0.05，拒绝原假设，说明"普通商业银行贷款"这个变量是

显著的，普通商业银行贷款对陕西省企业创新效率（Y）有显著正向影响，这也表明政府刺激普通商业银行向企业贷款可促进企业提升创新效率。因此，H8 成立。

表 5-4 中显示"国家重大科技项目政策性贷款"系数 β_9 的统计值的数值为 10.275，p 值为 0.446，大于 0.05，说明变量"国家重大科技项目政策性贷款"不显著，国家重大科技项目政策性贷款对陕西省企业创新效率（Y）没有显著影响，这也表明政府落实国家重大科技项目政策性贷款未能有效促进企业提升创新效率。因此，H9 不成立。

表 5-4 中显示"采购金额"系数 β_{10} 的统计值的数值为 14.397，p 值为 0.000，明显小于 0.05，拒绝原假设，说明"采购金额"这个变量是显著的，采购金额对陕西省企业创新效率（Y）的影响是显著的，这也表明政府增加对企业的科技产品的采购金额可促进企业提升创新效率。因此，H10 成立。

表 5-4 中显示"引进技术的经费额"系数 β_{11} 的统计值的数值为 11.646，p 值为 0.004，小于 0.05，拒绝原假设，说明"引进技术的经费额"这个变量是显著的，引进技术的经费额对陕西省企业创新效率（Y）有显著正向影响，这也表明增加引进技术的经费额可促进企业提升创新效率。因此，H11 成立。

表 5-4 中显示"消化吸收的经费额"系数 β_{12} 的统计值为 8.249，p 值为 0.623，小于 0.05，说明变量"消化吸收的经费额"不显著，消化吸收的经费额对陕西省企业创新效率（Y）没有显著影响，这也表明增加消化吸收的经费额不能有效促进企业提升创新效率。因此，H12 不成立。

5.5 研究结论

多元回归系数的统计结果如表 5-5 所示。

表 5-5 多元回归系数的统计结果

变量	系数	t 值	p 值
	0.768	0.000	1.000
科技活动人员	1.102	37.844	0.000
研发经费支出	0.995	32.558	0.000
企业研究开发费支出额	0.798	25.462	0.003
经职能部门认定的研究开发费支出额	−0.802	−27.524	0.178
因享受该政策实际抵扣（150%）的应纳税所得额	0.633	20.486	0.000
少缴的企业所得税额	0.504	17.354	0.126
中小企业信用担保贷款	0.675	23.421	0.010
普通商业银行贷款	0.492	14.556	0.000
国家重大科技项目政策性贷款	0.327	10.275	0.446
采购金额	0.472	14.397	0.000
引进技术的经费额	0.346	11.646	0.004
消化吸收的经费额	0.297	8.249	0.623

针对陕西省自主创新政策的各项具体政策对企业创新效率的影响这一问题，从上述的分析结果来看，大多数的政策措施都已达到预期效果，即对企业创新效率产生正向的影响。但在实际落实中，由于区域差异、政府执政力度、企业内部结构及对政策的认识等种种原因，经职能部门认定的研究开发费支出额、少缴的企业所得税额、国家重大科技项目政策性贷款、消化吸收的经费额这四项指标对企业的创新未起到有效提升的作用；其中，"经职能部门认定的研究开发费支出额"这一项甚至还对企业的创新起到负向的影响作用。结合前文的分析结论，得出这几项政策措施未得到有效落实或目标企业未享受到政策优惠在于政策条款没得到有效宣传贯彻、没有能够使政策目标群体之间形成良好的合作机制，政策在执行的过程中未能给企业带来降低成本、提高效率等优惠，政策执行的保障力度不够等方面的原因。对实证结果的具体分析如下：

一是科技活动人员投入政策对陕西省企业创新效率有显著正向的影响。"人"是企业自主创新的关键要素之一，陕西省非常重视企业创新人才的培养与输送。2011 年陕西省科技活动人员有 20.46 万人，企业科技活动人员有 11.98 万人，占全省科技人员的大多数。从数据结果来看，科技活动人员为本企业以及陕西省的自主创新作出了巨大的贡献。因为科技人员为企业带来的不仅是先进的技术思想、技术理念，还有创新过程中所需的开拓进取的精神。

二是研发经费支出政策对陕西省企业创新效率有显著正向的影响。陕西省每年都要为自主创新投入大量的研发资金。2011年R&D经费支出为249.35亿元，占全省GDP的比重为1.99%；全省地方财政科技拨款29.01亿元，这些资金的投入为企业创新带来了巨大的支持。政府提供给企业的研发经费通常可帮助企业引进先进技术、吸引研发人员以及购买研发设备和原材料，使企业能从各方面完善内部的创新体系。

三是企业研究开发费用的支出额对陕西省企业创新效率的影响是显著正向的。企业在进行研发的过程中，要注重研发费用的支出，不能仅依靠人才储备。陕西省企业在政策的指引下，科研资金投入显著增加，使企业整体的生产、管理、营销等方面的效率得到了显著提升。

四是增加经职能部门认定的研究开发费支出额对陕西省企业创新效率的影响不显著，且是负向的影响。增加经职能部门认定的研究开发费支出额也是税收激励政策的一部分，其旨在通过增加企业的研发费用，提升企业的创新效率。但此次结果显示，该变量对陕西省企业创新效率的影响是负向的，根据调研可知，由于在落实此项政策的过程中，企业在信息沟通、人员配置等方面花费了部分的资金，对企业的创新积极性有所影响，进而影响了企业的创新效率。

五是变量"因享受该政策实际抵扣（150%）的应纳税所得额"对陕西省企业创新效率的影响是显著的。税收激励政策规定企业可按当年实际发生的技术开发费用的150%对当年纳税所得额予以抵扣，该项政策大大激发了企业的创新意识，使企业直接享受到免税政策并将减免部分用来补充内部资金。该项政策体现了政策的科学性，能够为企业创新解决融资难等实际问题。

六是减免企业所得税的上缴额对陕西省企业创新效率的影响不显著。减免企业所得税应能够使企业内部的资金短缺问题得到有效缓解，但此次结果显示，该项政策对企业创新效率起到的提升作用不强。根据调研可知，落实过程中贯彻执行该政策的有效性、企业对政策具体程序的了解程度以及对政策落实的保障等方面都存在问题,这使企业的创新效率未得到有效提升。

七是增加中小企业信用担保贷款对陕西省企业创新效率是显著的正向影响。中小企业信用担保贷款是企业融资的重要途径之一,自主创新政策加大了担保机构对企业的科技性贷款力度,使企业将资金有效利用到更新技术、推动企业整体规模扩张、提高了企业竞争力等方面,有效提高了企业综合效率及规模效率的水平。

八是普通商业银行贷款对陕西省企业创新效率的影响是显著且正向的。向商业银行贷款是企业传统的贷款方式,也是一种主要方式,商业银行根据企业的具体情况为企业科技创新发放贷款,有效地增强了企业的资金实力及利用效率。企业利用内部的资金拓宽销售渠道、提高市场竞争力,成为提高企业综合效率的重要方式。

九是国家重大科技项目政策性贷款对陕西省企业创新效率的影响不显著。近年来,国家通过多种途径鼓励和引导企业接手科技项目,以此来吸收国家的政策性贷款,这一方式也逐渐成为企业融资的有效途径之一。但从数据结果来看,此次国家政策性贷款对企业效率的提升作用不显著。在政策贯彻落实的过程中,由于政策的宣传范围、政策的明晰程度及审理程序的公开性、便捷性上的问题,导致企业不能很好地享受此项政策。

十是采购金额对陕西省企业创新效率的影响是显著的。政府的采购政策对企业自主创新活动的影响逐渐显著,通过一些帮扶方式,例如购买企业的创新产品以及帮助企业进行产品的初期试验、寻找市场等,不断规范企业的创新产品质量,使企业专利数量、技术合同数量显著增加,提高了企业的技术创新效率。

十一是引进技术的经费金额对陕西省企业创新效率的影响是显著的。引进技术是引进消化吸收再创新模式的第一步,目前,大多科技创新型企业主要还是依靠引进消化吸收再创新的创新模式,这种创新模式给企业自主创新带来了较快的经济效益,使企业能够不断引进技术与科技人才,对企业技术创新与研发产生较大的推力。

十二是消化吸收的经费金额对陕西省企业创新效率的影响不显著。引进消化吸收再创新的创新模式中的第二步是消化，企业在引进先进技术的基础上，通过学习、模仿及一定程度的创新从而生产出属于本企业的产品。但这种创新方式与真正的自主创新还有一定的区别，它会使企业逐渐依赖于外部成果，而忽略靠自身现有的资源进行创新。这种方式会导致企业无法有效降低运营成本，也无法有效整合现有资源，从而造成不必要的浪费，因此该指标未能给企业创新带来有效的促进效果。

从以上的分析结果也可以看出，科技活动人员投入，研发经费支出，企业研究开发费支出额，因享受该政策实际抵扣（150%）的应纳税所得额，增加中小企业信用担保贷款、普通商业银行贷款、采购金额、引进技术的经费额，这几项政策给企业创新效率的提升带来了正向的影响。这些政策从制定到执行均遵循了科学性、系统性、便捷性等原则。

首先，这些政策均是从企业所遇到的实际问题出发，为企业真正解决创新过程中的难题提供了有力的支持。无论是人员、资金，还是技术方面，都体现出科学、系统、完善的特点。在政策执行的过程中，执行人员能够非常熟悉政策中的具体内容，并按规定执行。其次，一些政策的具体内容还具有创新性，如政府采购政策。这一政策提出的时间较晚，与国外较为成熟的政策相比，国内政府采购政策仍然需要根据自身的实际情况不断改进，从而提高企业技术创新的积极性。因此，政策的不断创新使企业体会到了其带来的切实利益，例如，企业能够以较少的成本实现产品的推广，并能够在正式向市场推广之前进行良好的质量测试，从而为提高企业生产效率及提升品牌形象提供专业平台。最后，这些政策的有效落实，得到了高校、政府、银行类金融机构等组织机构的支持；政策的申请、受理以及反馈的流程清晰简洁，节省了许多时间和不必要的步骤；政策执行的保障工作也落实到位，并能够对政策落实的情况进行及时而全面的反馈，保证了工作合理有效进行。政策的覆盖性、便捷性、及时性、保障性均在陕西省企业自主创新的实践中有所体现，并对企业创新效率的提升起到了真实可靠的助推作用。以上结论也再次说明，注重政策制定的科学、系统与创新，保证政策执行覆盖面广、便捷且及时、保障力度大，将会促进企业创新效率的有效提升。

本章小结

本章针对自主创新政策的各个具体政策对企业创新效率的影响情况进行了研究。利用数据包络分析（DEA）和多元回归的方法，基于两年陕西省自主创新政策与企业创新情况的相关数据得出了具体的结论，为进一步探讨两者之间的关系、深入探寻自主创新政策对企业创新效率具体的影响因素奠定了基础。基于实证分析的结果，本章得出以下结论：

陕西省自主创新政策的落实效果较为理想，其中大部分政策都给企业创新效率的提升带来显著正向的影响，包括科技活动人员投入、研发经费支出、企业研究开发费支出额、因享受该政策实际抵扣（150%）的应纳税所得额、增加中小企业信用担保贷款、普通商业银行贷款、采购金额、引进技术的经费额。分析其原因，在于这些政策基本符合了制定的科学性、系统性与创新性原则，以及政策执行的覆盖性、便捷性、及时性、保障性等功能。无论是从人员、资金，还是技术，都体现出科学、系统、完善的特点，并且这些政策得到了有效落实，不仅涉及高校、政府、银行类金融机构等各个组织机构；而且政策的申请、受理以及反馈的流程清晰简洁，节省了许多时间和不必要的步骤；同时政策执行的保障工作也落实到位，并能够对政策落实的情况进行及时而全面的反馈，从而保证工作合理有效地进行。

而经职能部门认定的研究开发费支出额、少缴的企业所得税额、国家重大科技项目政策性贷款、消化吸收的经费金额这四项主要由于以下原因而未对企业创新效率产生有效影响：第一，政策条款没有得到有效的宣传和贯彻；第二，没有能够使政策目标群体之间形成良好的合作机制；第三，政策在执行的过程中未能够给企业带来降低成本、提高效率等优惠；第四，政策执行的保障力度不够。其中，"经职能部门认定的研究开发费支出额"一项还对企业创新效率产生了反向影响。

6 陕西省企业自主创新政策体系的构建

本书从整体角度来研究陕西省自主创新政策对企业创新效率的影响情况,发现自主创新政策在政策制定和执行方面的特性对企业创新效率均有不同的影响。其中政策制定方面的特性包括政策的科学性、系统性与创新性,而政策执行方面包括覆盖性、便捷性、及时性及保障性,这些特性均表现在自主创新的各个政策内容之中。每个政策内容均含有这些特性,但又有所区别,只有当这些特性成为有机整体而发挥其作用的时候,自主创新政策才能得到贯彻落实。因此,对于政府来说,加大对政策的宣传力度、强化政策的体系意识、加大政策的创新力度,优化执行部门的沟通渠道、充分落实保障措施等方面的实现对于自主创新政策的有效实施就显得至关重要。

本章基于前文对企业创新现状和实证分析等的研究发现,陕西省自主创新政策对企业创新效率的提升起到很大程度的积极作用,但仍存在不少问题,主要表现在企业对政策的了解程度、政策的系统性、企业自主创新主体意识、政策执行的便捷性以及政策监督保障工作等方面。从各个具体政策对企业创新效率的影响情况来看,科技投入政策和政府采购政策对企业创新效率起到了积极有效的作用;而相对来说,税收激励政策、金融支持政策以及消化吸收再创新政策对企业产生的作用较不均衡,甚至还对企业创新产生负向的影响。基于上述提到的各种尚未解决的难点,本章主要是先查阅运用自主创新政策较为成功的各个国家和地区以及国内其他省份的相关资料,并结合目前陕西省在自主创新政策的制定及实施效果上仍然存在的问题与不足,以陕西省自主创新政策的相关理论为依据,设计更适合陕西目前经济形势的解决方案,以此来支持企业自主创新。

6.1 陕西省自主创新政策体系构建原则

构建陕西省自主创新政策支持体系,就要先确定构建相应体系的基本原则。在对陕西省的自主创新政策支持体系进行构建的时候,一方面不能脱离目前国家创新系统的大环境;另一方面要明确陕西省在自主创新资源上的优势所在以及存在的问题,把握好整体与部分之间的关系。陕西省自主创新政策的导向主要集中在扶持更多能够进行创新的本土企业,为创新企业打造更加合适的创新环境,以及向创新企业提供更优质的创新服务三个方面。综上所述,陕西省政府在构建自主创新相关政策扶持体系的架构时,主要依据的原则有以下几点:

第一,符合社会主义市场经济体制的要求。在不断完善的社会主义市场经济体制这一经济环境下,市场机制对资源配置的调节是必不可少的。陕西省构建自主创新政策支持体系也要与市场机制充分结合,充分发挥市场的调节作用与政府的调控作用,从而更好地促进企业自主创新,达到预想的创新政策目标。

第二,分清轻重缓急,将力量集中于最需要解决的问题上。作为省级政府,与国家整体相比,各方面实力和政策实施力度是有相当明显的差距的。因此,陕西省作为地方政府,一定要突出重点,切忌面面俱到,要采取统筹兼顾、保证重点的原则,以更大限度地提升陕西省自主创新政策的效果。

第三,要保证政策切实可行。陕西省政府在确定创新政策时,要结合经济手段、法律手段以及必要的行政手段,保证自主创新政策切实可行。

6.2 陕西省自主创新政策体系构建依据

6.2.1 国家创新政策

无论是作为整体的国家还是作为部分的省级政府，其制定创新政策都是为了提高创新效率。因此，根据整体与部分的关系，国家创新政策是陕西省建立自主创新政策支持体系的依据和方向，陕西省政府要根据国家创新政策的指引，并立足陕西省的自主创新情况，才能构架出符合相关要求并与实际相一致的支持体系。

6.2.2 陕西省经济发展政策

地方经济发展政策是针对该地区实际经济发展情况制定的，是用来提升该地区经济发展水平的相关政策。地方经济政策的制定必然是以国家总体经济政策为指引的。陕西省在建立相关自主创新政策支持体系时，也不能偏离本省的经济发展政策，即不能与本省的产业政策和经济结构调整等内容不相关甚至相背离。

6.2.3 陕西省现实状况

建立一个地区的自主创新政策支持体系必然要结合该地区的实际经济、人文等方面的发展情况。陕西省在建立自己的自主创新政策支持体系时也要考虑本省的实际发展情况，包括历史、经济发展、社会以及自然还有区域文化等各方面的实际状况；同时也不能忽视与创新相关的要素，包括创新机构、机制和资源以及环境等。以上所提到的都是陕西省在建立自主创新政策支持体系时不能忽视的相关重点，若考虑不全可能会使建立的自主创新政策支持体系执行效果出现偏差。

6.3 陕西省自主创新政策体系构建内容

地方自主创新政策是专门针对某一特定地区所制定的，具有显著且鲜明的本地特色。为了使相关政策能够发挥出最大的作用，政府在建立自主创新政策体系时，要把握本地区的整体特色，从地方创新系统的主体构成要素出发，研究地方自主创新政策支持体系的基本框架，选择最恰当的创新政策工具。因此，在构架和优化陕西省自主创新政策体系时，应先分析目前陕西省自主创新政策在制定和构建中可能存在的问题；再观察自主创新政策在实际施行中的效果，并与国内外其他地区实施自主创新政策的效果进行对比，总结其存在的优缺点；最后，根据陕西省目前的发展状况，从科技投入政策、税收鼓励政策、金融支持政策、政府采购政策、引进消化吸收再创新政策五个方面来构建陕西省自主创新政策支持体系。陕西省企业自主创新政策体系框架如图6-1所示。

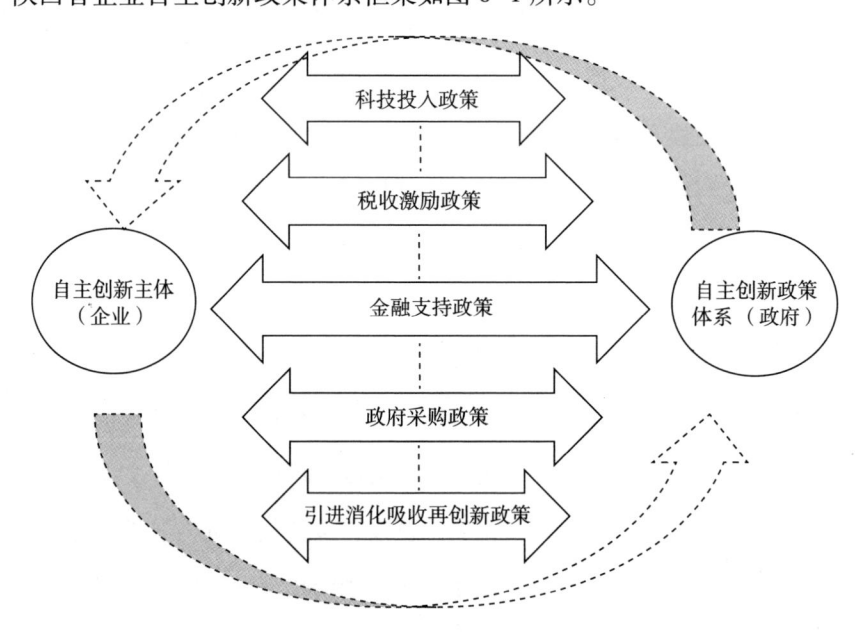

图6-1 陕西省企业自主创新政策体系框架

结合前文的研究结论，具体可从以下几个方面强化陕西省企业自主创新政策体系，如图 6-2 所示。

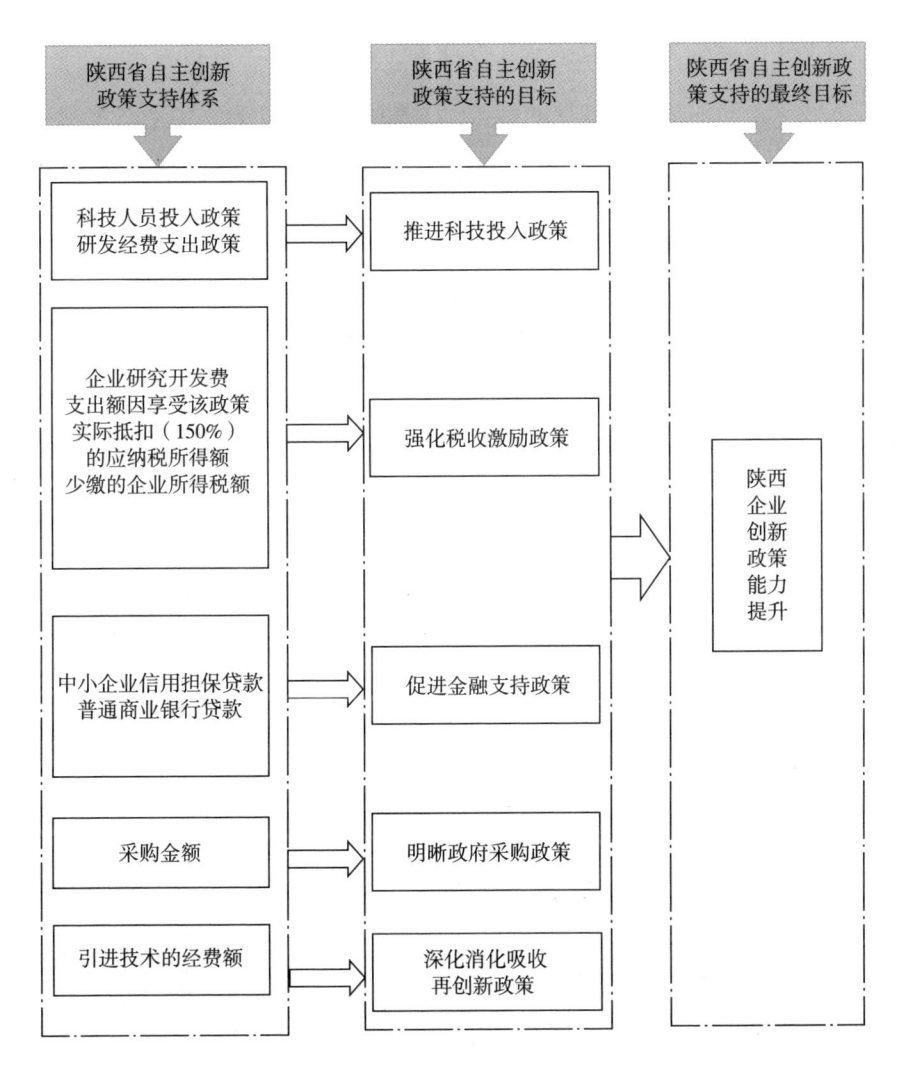

图 6-2　陕西省企业自主创新政策体系

6.3.1　推进科技投入政策

一个国家或地区经济增长的过程，就是科学技术不断更替的过程。科技创新能力的不断提升包括由创新能力提升而推动的其他相关部门的提升，是促进该国家或地区经济增长的主要动力。决定一个国家或地区经济增长质量的根本是一个国家或地区的科技发展水平以及自主创新水平，这两者不仅是该国家或地区经济增长质量的决定性因素，还是衡量该区域产业结构是否恰当的要点。由此可知，科技投入政策最能够体现本地区的特点，也是该地区整个自主创新政策支持体系的关键。因此，科技投入政策质量是影响自主创新政策支持体系质量的重要因素。

根据陕西省对其自主创新政策实施成效的评价，陕西省自主创新政策并未对该省大中型企业自主创新能力起到很好的支持作用。陕西省的大中型企业是该省支柱产业的集聚地，这些企业的自主创新能力在很大程度上能够代表陕西省整体的自主创新能力；但目前看来，大中型企业的自主创新能力还相对较弱，同时相关政策的扶持也没有达到预想的效果，致使这些企业的竞争力相对较弱，竞争力的相对弱势也导致陕西省的科技水平难以快速进步。因此，要总结全球各国和地区成功案例的经验，在确定陕西省优势产业发展方向的同时将其也纳入考虑，最终构建出恰当的陕西省优势产业自主创新政策体系，为优势产业自主创新能力的提升提供政策保障。

（1）强化科技人员投入政策

陕西省企业创新效率受到科技活动人员投入政策的显著的正向影响。"人"是企业自主创新的关键要素之一，陕西省应该重视企业创新人才的培养与输送。2011年陕西省科技活动人员有20.46万，企业科技活动人员有11.98万，占到全省科技人员的大多数。从数据结果来看，科技活动人员也为企业及全省的自主创新做出了巨大的贡献。科技人员不仅为企业带来了先进的技术思想、技术理念，也带来了创新过程中所需的开拓进取的精神。

陕西省在进行更多科技人员的培养和激励这一方面，借鉴了国内外成功的案例和激励经验以及相关政策，出台了一系列规定及办法，如《陕西省留学人员科技活动择优资助项目经费管理办法》《西安高新区关于吸引留学人员创业的若干政策规定》《陕西省有突出贡献专家选拔管理办法》等，这些措施的实施为陕西省吸引了一大批科技人员,这些科技人员都将成为企业自主创新的中坚力量。但是与经济发达的省份相比,陕西省仍然有很大差距,其应从以下几方面着手:

第一,畅通人才入口,加大引进力度。

首先,陕西省此前积极引进国内外优秀人才,培养了一批创新能力强的高水平学科带头人,但是并没有打破各种不利于人才引进的条条框框,没有为人才进入扫除障碍。凡是工作需要的各类人才,无论其身份、地域、资历,都应当敞开大门予以接纳。其次,陕西省应以创新的方式引人才。政府要具体去抓人才战略的相关措施,学校、企业、在外工作人员、电视、网络等都是宣传人才政策的有效渠道;还要探索"产业+高校"模式,在高校就业网长期发布人才需求信息,以产业发展为载体,发挥企业主体作用和党政引领助推作用,真正实现多渠道、多方式引进各类技术、管理人才。最后,陕西省应拓展渠道引人才。政府要立足整体发展,以行业、重大项目为载体,实行优秀人才的"团队式"引进、核心人才带动的"精英式"引进、高层次人才来去自由的"两栖式"引进、异地合作攻关的"智力式"引进,完善人才柔性流动机制。

第二,完善人才机制,激发创造活力。

推动人才发展的根本动力是人才机制深层次改革,只有打破那些阻碍人才发展的制度障碍,构建与地方社会经济发展相适应的人才体制机制,才能最大限度地激发人才的创造活力,最终实现人才作用的最大化。一是完善奖励制度。坚持以高效益体现高价值,用财富回报才智。积极探索专业技术人才的评定制度,设立奖励基金,提高相应的经济待遇;增设奖项,针对积极向组织推荐、发现、培养人才的单位和个人,对成绩突出者给予奖励;对在工作岗位上有积极贡献的人才进行重点培养。二是完善人才内部流动机制。建立才能与岗位相匹配的人才流动机制,各单位部门空缺的岗位,实行公平竞争上岗制度;建立健全考评制度,定期考评人才,并向上积极推荐工作能力突出、社会评价高的人才;建立个人网络信息专档,方便各单位选择。

第三,优化人才环境,鼓励创新创业。

一是建立完善的人才评级制度。根据现有人才(包括本土人才)工作业绩建立评级制度,并根据级别设立不同奖金,逐级加大奖励措施,对成绩突出者给予特殊奖励。二是建立完善的人才培养激励机制。要注重对引进人才和现有人才的选拔、培养和激励,例如,建立市政府津贴制度,对有突出贡献人才可推荐申报政府特殊津贴;在紧缺行业领域建立科研团队,给予一定的科研经费;对做出突出贡献的科技人才、管理人员给予高物质奖励。三是营造人才成长的良好环境。对有突出贡献的科研人员以及管理人员等进行表彰并加以宣传,形成重视知识、重视人才的良好的科研环境;通过为相关人才提供学术交流等提升人才能力,形成利于人才培养的学习环境;对相关人才的生活状况进行了解,并给予适当的关心,为其打造良好的生活环境。

(2) 研发经费支出政策

研发经费支出政策对陕西省企业创新效率有显著的正向影响。政府提供给企业的研发经费通常可鼓励企业购买先进技术、原材料,吸引研发人员以及购买研发设备,可从各方面完善企业内部的创新体系。陕西省每年都会为自主创新投入大量的研发资金,例如 2013 年,陕西省在研究与试验发展方面投入的金额为 342.75 亿元,同比增长了 55.5 亿元,增长率达 19.3%,相较上年增长率扩大了 4.2 个百分点;与全国平均增速相比,超出 4.3 个百分点,增幅排行位于西藏和安徽之后,位居第三;R&D 经费投入强度,即研发经费与 GDP 的比值为 2.14%,与全国平均强度 2.08% 相比,高出 0.06 个百分点,位居前列。

企业 R&D 经费投入强度能为企业带来持续的竞争力。虽然陕西省持续不断地投入研发经费,彰显了政府在自主创新活动的引领作用和企业研发投入的主体地位,但是较低的研发经费投入力度,也表明陕西省企业还不能算是以科技投入和科技创新为主的企业。为使陕西省企业能够成为科技投入以及创新的主体,应该将企业研发投入量作为企业考核的主要指标之一,以此来推动企业的技术创新。具体措施有:加强科技奖励,通过奖励的手段达到引导企业加强技术创新的目的,重点奖励由企业发起的或是产学研合作完成的重大科技创新以及产业化成果;落实政府为激励企业加大研发投入而提出的相关优惠政策;稳固原先科技体制改革和科技投入改革的成果并将其扩大,同时抓住建设创新型陕西的机遇,使企业能够整合各创新要素，迸发出强大的创造力量。

第一，改进政府科技投入方式，加大政府研发投入比例。

一方面，要明确科技投入方向，找准社会的核心矛盾所在。在配置公共科技资源的过程中，重点在于解决公益以及共性科技问题，也就是说，保证社会公共科技的优先地位。社会需求和人民对公共安全的需求，以及社会领域各种突出矛盾中的科技问题是政府要解决的首要问题。具体主要包括公共安全、环境保护、节约能源、循环经济等方面技术的开发以及基础设施平台的建设等。另一方面，要提高国有单位和事业单位的创新性，通过对国有单位和事业单位的不断改革，使其参与市场竞争，提高其自主创新的积极性。

第二，按照市场经济规律探索政府研发投入市场化模式。

根据市场中多样化的投资手段，对政府研发费用投入的方式进行创新，丰富财政投资渠道或形式。例如，通过直接拨款的方式为基础研究和科学活动的项目筹集资金；通过发行专项国债的方式为规模较大、耗资较多的基础科研项目筹集资金；通过融资或证券化等扩大资金来源的方式为预期未来有盈利的科研项目筹资。另外，还可以依托政府采购对企业自主创新方向、研发经费投入力度等的影响，增强政府采购的导向作用。此外，对目前科研经费的运行模式进行创新，加大其市场化的程度，使得科研经费能够循环、高效使用；亦可促进科技投入的增加。

6.3.2 强化税收激励政策

税收政策是政府对企业进行政策扶持的重要方式，针对该项政策，可以重点落实以下几个方面：

（1）加大企业研发费用支出额

企业的研发支出额一般对陕西省企业创新效率有显著正向的影响。如果企业从事的业务在《国家重点支持的高新技术领域》或由国家发展改革委等部门联合公布的《当前优先发展的高技术产业化重点领域指南》规定的高新技术领域范围内，按照相关规定，企业在一个纳税年度中实际发生的高新科技领域项目研究开发活动费用支出,按规定可在计算应纳税所得额时进行相应扣除。同时,如果研发费用计入当期损益未形成无形资产,则该企业在当年的应纳税所得额中,可以用其当年研发费用实际发生额的一半进行抵扣;如果研发费用形成无形资产,则按照该无形资产成本的1.5倍在税前进行摊销,一般情况下,摊销年限在10年以上。

为了刺激企业加大研究开发费用支出,相关部门可以从以下两个方面入手:一方面,降低企业研发费用抵扣门槛,放宽研发形成资产的界限,或者分别提高未形成无形资产与形成无形资产的研发支出发生额抵扣比例。另一方面,可以适当放宽摊销年限,例如,对于一些特殊的研发项目,可以规定五年以上即可抵扣。另外,对于企业来说,在进行研发的过程中,还要注重研发费用的支出,不能仅依靠人才储备。

(2) 应享受该政策实际抵扣 (150%) 的应纳税所得额

企业因技术开发支出而享受的实际抵扣(150%)的应纳税所得额政策对企业自主创新是有显著正向影响的。税收激励政策中有明确的规定,企业承担的技术开发费用,可在其当年的纳税所得额中按该费用的1.5倍抵扣。该项政策大大激发了企业的创新意识,企业能够直接享受免税政策,从而充足内部资金;同时该项政策也体现了政策的科学性,使企业融资难等实际问题得以解决。

财税政策规定,对于国有、集体工业企业及国有、集体企业控股并从事工业生产经营的股份制企业、联营企业,如果当年实际发生的技术开发费用是上年实际1.1倍(含1.1倍)以上,经税务机关审核批准,企业实际承担的技术开发费在其当年应纳税所得额中的,可再按该费用的50%抵扣;增长未达到10%以上的,不得抵扣。若纳税人技术开发费用是上年实际1.1倍以上,并且其实际承担费用的50%超出企业当年应纳税所得额,可以用不超过应纳税所得额的部分进行抵扣;超过部分则不再进行抵扣。如果相关企业想要享受此项税收优惠,一方面要加大当年技术开发支出;另一方面要不断加大此项投入,不断加强并优化企业自身技术创新能力,才能享受更多资金优惠,从而提升企业整体竞争力。

此外,相关部门也应加强对企业技术开发的扶持,扶持的主要方式为持续加大对企业科研投入所得税的税前抵扣力度。从以往的经验中可以看出，此项政策大大激励了企业的自主创新积极性，并且提供了可观的资金支持，由此可知，抵扣比例从150%提高到160%甚至200%对企业的自主创新一定大有裨益。

6.3.3 促进金融支持政策

目前，金融市场的发展、陕西省金融业的不断完善，以及金融机制的不断健全，对企业进行创新科技贷款、推动企业技术创新起到了重要的作用。金融支持政策优化的具体措施分为以下两点：

（1）不断完善中小企业信用担保融资机制

担保融资是陕西省企业目前主要的融资方式，健全的担保体系是企业进行技术研发的基础。陕西省现有的担保体系还是以政府为主导，但是这样的担保体系会导致一些问题，其中最突出的问题表现为担保企业自身的担保层级较低、担保面较窄、担保资金不够充足等，这与企业对担保的要求还有很大的差距。为了解决这一问题，需要建立科学完善的担保机制。前文的实证研究发现，增加中小型企业信用担保贷款对陕西省企业创新效率有显著正向的影响。中小型企业信用担保贷款是企业融资的重要途径之一，同时自主创新可以促进担保机构对企业的科技性贷款，且能够使企业将资金充分利用到更新技术、推动企业整体规模扩张、提高企业竞争力等方面，从而达到有效支撑企业综合效益及规模效益的水平。

完善中小企业贷款担保体系，使其更加完整有效。具体来说，一是将国内较为先进的担保机制在其所在省份主要的城市内进行推广，由政府给予一定的财政补贴。对于一些重点的科技工程及技术项目，则应受到更多的重视，从而发挥省级、市级政府有关部门的作用。对于有政府投资或有政府参股的担保机构，政府的参与使其相对于其他同类机构来说更具有政策性，因此不应该从事除贷款担保外的其他投资业务，也不得将盈利作为其经营的主要目的。二是促进具有中小型企业互助性质的会员制担保机构的设立和扩大。此类机构是中小型企业根据其自身意愿而组建的，该类组织为合作组织，同时会员企业承担提供资金的义务，并享受该组织提供服务的权利。该类组织的建立有利于各成员企业相互监督和共同发展。三是促进民间出资、具有商业性质的担保机构的发展。这类机构以私营为主，业务范围不应进行太多限制，可允许此类机构从事贷款担保业务，以及除此之外的其他投资业务。

（2）积极发展地方商业银行

普通商业银行贷款对陕西省企业创新效率有显著正向的影响。商业银行贷款是企业贷款的传统方式，也是其主要方式，商业银行根据企业的具体情况为企业科技创新进行贷款，可有效增强和提高企业的资金实力及利用效率。企业可利用资金拓宽销售渠道、增强市场竞争力，从而提高企业综合效益。

积极发展地方商业银行，也是缓解中小型企业融资难的一个解决方法。第一，可尝试将原有国有银行下设的县域机构加以改造，使其成为独立的地方商业银行。在改造中将民间资本纳入其中，积极带动社会资本，使其参与到中小型金融机构发展中来。第二，从现有政策性银行中设立一个独立部门，由该部门来向中小型企业发放贷款，同时以立法或建立法规的形式硬性规定政策性金融机构每年向中小型企业发放贷款的金额；此外，还可由地方财政出资建立中小型企业政策性银行或对其进行担保融资。第三，对中小型企业采用供应链金融的方式注入资金，改进现有的抵押贷款方式，减少对企业的信贷配给。在供应链金融规模不断扩大的情况下，市场竞争的主力不再是企业，而逐渐演化为供应链之间的竞争，同一供应链金融内部的各个企业间具有相同的利益关系。利用供应链的打造，不但可以提升企业使用资金的效率，还达到了降低整体供应链管理成本的目的。供应链金融模式的引进可以将核心企业和上下游企业紧密地联系在一起，打造更灵活的融资模式，把资金作为供应链的调和剂，强化资金流动性，更好地推动供应链整体的发展。这种金融模式无论是在安全性、创新性、投资回报率方面，还是在未来发展趋势方面都有很好的推动作用。

6.3.4 明晰政府采购政策

政府采购金额对陕西省企业创新效率的影响是显著的。政府采购的自主创新政策逐渐体现出其对企业创新的重要性，政府通过对企业的创新产品进行采购以及帮助企业进行产品的初期试验、寻找市场等方式，不断规范企业的创新产品质量，推动企业专利数量以及技术合同数量增加，整体提高企业的技术创新效率。因此，陕西省在政府采购中应当向自主创新产品予以倾斜。

（1）设置以政府资金购买自主创新产品的制度

首先，应将陕西省的自主创新产品交由省科技厅以及省发展改革委等科技相关部门进行认定，对符合要求的创新产品，相关部门要及时申报给国家，使本省符合要求的产品能够进入国家政府采购的自主创新产品目录中。其次，由省财政厅以及相关部门选择政府采购的自主创新产品，确保这些产品在获得认定的自主创新产品范围内，同时有关部门要对采购目录中确定的自主创新产品进行实时管理。最后，对政府预算加强控制，将自主创新项目作为控制预算的优先考虑项目。全省所有使用由政府资金采购产品的部门（以下统称采购人），主要包括各级的政府机关、事业单位以及团体组织，在进行产品采购时，要优先考虑在本省自主创新产品目录中的产品；同时，采购人在进行本部门年度预算的编制过程中，要对采购的自主创新产品进行标记。在进行预算审批时，财政部门在确定采购支出项目后，要先将采购预算安排在自主创新产品上，再由财政部门联合审计并与监察部门监督采购人对自主创新产品的采购过程。

对于本省的重大建设项目以及其他利用政府资金购买重大设备和产品的项目，购买自主创新产品的应当作为相关部门审核这些项目是否能够立项的条件之一，并且承诺中要标明对自主创新产品采购的相关条件。针对国家以及地方政府投资的重点工程，国产设备的采购金额要高于采购设备总金额的60%。如果工程没有按照相关政策要求对自主创新产品进行购买，财政部门将拒绝向该工程提供相应资金。

（2）完善政府采购的评审方法，优先选用自主创新产品

一方面，在政府采购评审时，不能忽略自主创新因素。在评估以价格为主的招标项目的过程中，在符合采购需求的前提下，优先对自主创新产品进行采购。对于自主创新产品的价格高于一般产品的情况，政府要考虑产品的科技含量以及市场竞争程度等因素，对自主创新产品给予一定程度的价格扣除。在一定的比例

下，如果自主创新产品企业的报价低于报价中排名第一的一般产品企业时，自主创新产品所属企业将拥有获得采购的优先权。另一方面，在将综合评标作为招标项目的主要考虑因素时，要考虑自主创新因素并设置较为合理的分值。如果在服务项目采购中遇到经相关部门认定自主创新技术含量高，但难以确定该项目技术规格和价格的情况，要报给财政部门并由其来决定是否采用竞争性谈判式的采购方式；若财政部门同意，则采用该方式，并将合同交给拥有自主创新能力的企业。同时，政府要完善对自主创新产品采购合同的管理模式，若企业不接受提供合同约定的自主创新产品时，财政部门要责令其改正；如果企业拒绝改正，财政部门将不会再向该企业提供采购资金。

（3）设置政府优先首购和订购制度，鼓励企业进行自主创新

针对省内企业的所有科研机构研发生产的试验品和首次投向市场的产品，如果这些产品满足国民经济发展的要求和顺应先进技术的发展方向，同时这些产品还有较大的市场发展潜力，且在政府重点扶持范围的话，那么就上报给相关部门。如果通过了省科技厅以及同行业主管部门的相关认定，那么政府就按照相关制度，由政府出资进行首购或部门集中采购，并按一定程序交由采购人自行采购。

对需要研发的重大创新产品或技术，则由政府通过采购招标的方式，面向全省科研机构进行招标，最终确定合适的研发机构。由政府与该机构签订相应的订购合同，同时设置对应的产品或技术的考察验收机制，以及针对该产品或技术成果的推广机制。

6.3.5 深化引进消化吸收再创新政策

结合前文实证结果，企业引进技术政策对企业科技创新的作用较大，而消化吸收政策作用欠佳。针对这一问题，应加强对此项政策的完善及加大实施过程中相关问题的处理力度，例如，加大对现有政策的宣传力度，并将企业的申请、审批手续便捷化，使更多的企业能够了解和享受到政策带来的优惠。具体措施如下：

(1) 进一步完善政策的实施细则

对政策实施细则的完善应从政府对技术的引进和管理、对创新体系的支持，以及创新过程中产学研的合作等方面进行良好的引导与规范。虽然目前政府已在这一点上有所认识，但政策的实际实施效果还需改进，同时政策的可操作性也需增强。

(2) 进一步完善引进技术方面的政策细则

技术具有多样性和复杂性的特点，例如，技术在引进过程中容易受到各种约束和限制，或引入的技术存在不完整性等。因此，在制定相关引进技术政策时，需对一些消耗大、污染性强或已被淘汰的落后技术进行限制，必要时需对能耗排放标准进行设定，以此督促企业积极引进绿色、先进的高新技术，保证企业和地方经济的可持续发展。

(3) 促进企业引进创新型人才

如今一个企业的创新性，更多地体现在对人才的培养与高效纳用上，例如，国外的科技研发机构比较重视引进专业技术强的专家，充分利用他们已有的高新知识与思维来提升企业的科技创新能力，进而提高企业的科技水平。陕西省目前也有不少企业不断形成这一机制，该类企业通过直接引入人才，大大地节省了成本并快速地取得了创新成果。企业在此基础上应不断完善人才激励制度，逐渐形成一套成熟完善的人才培养体系，通过人才积累形成企业强大的后备力量，支撑企业未来的发展。

(4) 增强企业的消化吸收动力

企业从事技术创新活动，最根本的还是要有积极的动力，但资金不充足、科技人才匮乏、市场的限制、政策未能及时跟进等各个方面问题都会阻碍企业自主创新发展。只有打破这些障碍，才能真正实现企业良好的创新模式。因此，政府应不断促进产业之间的竞争和为企业融资提供方便快捷的"绿色通道"等。另外，应解决存在的环境、劳动力和土地等方面问题，使企业有更多的精力去进行创新活动，为企业提供更多的投资机会，同时规范市场法规体系，形成公平合理的创新体制。

(5) 加大引进技术的经费投入

引进技术的经费投入对陕西省提高企业创新效率具有显著的影响。引进消化吸收再创新模式的第一步就是要引进目前市面上已存在的技术。目前，大多科技创新型企业主要采用的是引进消化吸收再创新的创新模式，这为企业自主创新带来了较快的经济效益，使企业能够不断引进技术与科技人才，对企业技术创新研发产生较大的助推力。对于资金投入方面的问题，陕西省可以设置与引进消化吸收再创新模式相关的咨询、评价和协调机制。企业在确定对重大技术和重大技术装备的引进计划的同时，也要确定对该技术进行消化吸收的计划和进度，以及再创新的目标和进度安排。对于此类引进技术的方案，应由省综合经济部门牵头，联合省科技厅、省教育厅、省商务厅、省财政厅、省质监局、省国税局、省知识产权局、陕西进出口检验检疫局、西安海关等所有相关部门共同成立专门的专家委员会，由该专家委员会进行组织论证，论证的关键内容是企业是否具有能够完全消化吸收被引进技术，并且能在此基础上创新出新技术的能力，若具有该能力，则该项目在很大程度上能够立项，进而继续后续的验收和技术评估。

6.4 陕西省企业自主创新实现方式

对陕西省企业自主创新模式选择的实证分析结果表明，陕西省不同企业根据自身现状的特点应选择不同的创新模式。根据相关理论及文献可知，目前企业主要的自主创新模式有三种：第一种是原始创新模式；第二种是集成创新模式；第三种是引进消化吸收再创新模式。然而，这三种模式均主要从企业自身的角度出发，强调企业利用和整合自身资源，通过自身具有的研发水平达到创新的目的。根据陕西当地的具体情况，企业还可以采用官产学研相结合以及开放式全面自主创新两种创新模式，这两种创新模式强调的是不同创新主体通过合作实现共赢。

技术型企业，不仅企业数量多，所涉及的行业也较为广泛，主要包括航天航空技术、资源开发及利用、新材料、生物制药、通信技术、大型装备制造、光伏装备制造、节能环保设备制造、电气机械制造等。不同的创新模式下企业进行自主创新的方式也各有不同。各企业由于处于不同的发展阶段，具备不同的技术能力，因而对自主创新模式的选择也是有差别的，同时还需要遵循一定的原则和规律，所以企业的自主创新实现方式也不局限于一种。

6.4.1 原始创新模式下企业自主创新的实现方式

原始创新模式强调企业利用自身研发资源进行创新，获得新的科学发现、新的理论、新的方法和更多的技术发明。据分析可知，战略性新兴产业和军工类企业选择原始创新模式进行自主创新的情况较多。一方面，这两类企业均需具备强大、有效的核心竞争力，而具有核心竞争力的关键就是掌握核心技术，发挥引领作用；另一方面，这两类企业是最具有研发条件及意义的企业类型。因此，战略性新兴产业及军工类企业技术突破的实现，不仅会逐渐形成具有强大竞争力的经济增长点，而且会推动陕西省战略性新兴产业及国防事业逐步腾飞。

战略性新兴产业主要是指进行战略性相关技术研发，且在未来能够持续发展的产业主要包括新能源产业、电动汽车产业、节能环保产业、信息通信产业、新材料产业、新医药产业以及生物育种产业。由于自主创新活动具有风险性和不确定性，而当前对于企业自主创新活动的支持、引导与落实仍由政府进行。因此，政府对战略性新兴产业的政策扶持力度在企业进行自主创新的过程中会产生非常关键的作用。除此之外，在战略性新兴产业发展中急需政府解决的问题还有该产业存在的制度性障碍问题，这就需要突出企业在自主创新中的主体地位，着眼于新兴产业发展，立足于技术应用最新领域，同时加大对创新型人才的培养力度和引进力度。

第一，自主创新政策。加大银行、担保、保险等金融机构为企业积极融资、贷款的力度以及财政税收的政策支持力度，大力解决企业的资金问题；同时为企业创新产品的研发、营销等提供人力、物力、渠道、平台等各方面的支持与优惠政策。

第二，战略性新兴产业发展的制度性障碍。战略性新兴产业发展过程中，也面临了大部分产业都普遍存在的制度性障碍。例如，在企业准入、产业组织形式以及企业知识产权保护、科技与经济结合以及科技成果转换等方面的问题。这些问题不仅对传统产业发展有很大影响，也在极大程度上制约着战略性新兴产业的培育和发展。

基于上述问题，政府要想提高企业的自主创新能力，首先要做的是改变思路，即政府在重视创新项目的设立和硬件建设的同时，也要对体制和机制创新给予相同的重视，因为战略性新兴产业的发展在一定程度上依靠于体制机制的创新。

为了进一步推动战略性新兴产业的发展，应对目前国家创新体系进行相应的完善，为战略性新兴产业的自主创新提供更好的发展环境，其中包括政策、法律、市场、科学技术、创新文化环境以及外交环境。良好的发展环境将使战略性新兴产业的自主创新活力、创新能力以及创新竞争力得到显著的提高。为完善创新体系，首先，要符合市场发展的规律以及该产业的发展规律，适当地降低准入门槛，在合理范围内简化相关的审批程序，加大对战略性新兴产业体制改革的支持力度，使各类资本能够有序进入；同时，还要在制度上保障该产业健康发展。其次，政府也要将产业、税收、财政、金融等其他手段运用到其中，使资金、技术、人才等重要的生产要素都能够有效地向战略性新兴产业聚拢，这样才能充分发挥价格机制以及竞争机制对企业创新的正向激励作用，使资源达到更有效的配置，实现对企业技术创新方面的促进目标。最后，政府也要正确地处理政府作用和市场机制之间的关系，使政府与市场之间的协调合作更加顺畅。让政府的作用和市场的作用都能更好地发挥出来。如果战略性新兴产业中的企业所创新的技术或产品进入市场受到阻碍，政府就要发挥其引导作用，制定相应的技术标准，推广该技术或产品在基础设施建设中的应用。综上所述，政府要将提高企业创新效率的重点放在为企业发展提供更好的环境上，将政府调控手段和经济手段结合起来，尽可能地减少目前存在的制度性障碍，充分发挥市场调配资源的作用。

与此同时，各省份也要结合本省份自身的经济等情况，选择适合自身发展的产业和项目。各省份在制定战略性新兴产业发展战略的重点时，要避免重复建设、产能过剩和同类型竞争，应因地制宜，将本省份的产业基础与当地各种优势结合起来，充分发挥本省份所在地区的自然、人文环境以及科技实力等方面的优势；同时，也要具体分析在新兴产业发展过程中，体制机制主要在哪些方面阻碍了新兴产业的发展，并提出有针对性的改革措施。另外，还需要联合与产业发展有关的产业规划、投融资、税收、技术创新以及产业管理等部门，使这些部门之间在实施政策时能够步调统一，逐渐减少部门和地方之间的分割，降低部门和地方之间的利益局限，逐步瓦解传统产业中既得利益集团的抵制力量，并对新兴产业的发展不再适用的管理体制机制进行改革创新。

第三，突出企业在自主创新中的主体地位。自主创新能力不只是指能够研发出科研成果，还包括将该成果转化为技术并应用于产业中，并将该技术推入市场，占据一部分市场份额；其中，后者是自主创新能力的关键。根据该论述可知，只有企业才是技术创新的主体，自主创新的基本载体也只能是企业，并且产业核心竞争力的具体体现也在于企业。企业作为技术创新的主体，必须发挥其作为主体的作用，持续不断地进行自主创新，这样才能不断地提高企业竞争力，使企业所占市场份额扩大，企业利润增加，保证企业能够持续发展下去。而政府的主要职责在于：更好地发挥其调控作用，促进企业在技术研发方面持续投入；依靠骨干企业，将主要资源放在关键核心技术的研发和系统集成上；为具有世界先进水平的工程化平台提供支持；增加高水平工程化平台的数量，并与技术创新工程结合起来，着力发展以企业为主、科研机构和高校为主要参与者的产业技术创新联盟；加大创新型企业的试行力度，不断优化共享科技资源的机制，使创新要素进一步向企业聚拢；引导企业提高自主创新的意识，加强其创新能力。

政府还应鼓励企业建立独立部门或机构专门进行技术创新，由专设的部门进行核心技术的研究与开发，使企业自主创新能力有所提高；同时，要对产业的组织方式进行创新，由该行业的骨干企业作为"领头羊"带领其他中小型企业，共同参与到国家科技重大专项的研发中，或是加入到重大科技基础设施的建设中。

除以上措施外，政府还要为企业建设的研发中心以及该中心的后续发展提供支持。鼓励企业多建设与国家工程研究中心类似的研发机构；激励企业加大在工程技术研究中心或研究开发机构建设上的投入；依靠科研高校和相关科研院所，共同建立产学研一体化的基地；在振兴的重点产业中选择骨干企业，将该企业的技术中心作为该产业主要的技术创新平台，组织建立集群式的新型产学研战略联盟，依靠集体的力量推动创新，促进产业进一步升级。

第四，着眼于新兴产业发展和技术应用的方向。新兴产业发展和技术创新的一般路径是"产业基础研究→产业应用研究→原理样机研制→初步展示和试验方案→中间试验→示范性生产线→市场导入→推广应用→产业化"。在该路径的执行过程中可能出现许多障碍，如产业技术创新和将研发出的科技成果产业化的过程太过复杂、过程中存在的主体过多、研发的成果进入市场难度太大等。这些问题使技术创新不可能依靠市场中企业主体的自发性，需要政府在产业的自主创新中起到支持、组织以及激励的作用。政府可采用的方式有：规划引导企业进行创新、组织协调各企业合作进行创新、提供资金支持以及搭建相应的平台引导企业创新等。

战略性新兴产业在本质上是新兴科技以及新兴产业进行高度融合后产生的，该产业既表明了科技创新的方向，也指明了产业发展的方向，这也就说明将科技政策和产业政策结合起来是非常重要的，但要注意的是，不能偏离经济社会发展对技术的重大需求。具体的着眼点包括：一是将需求与国家实施的知识创新工程、设立的国家科技规划以及自然科学基金项目结合起来，同时把主要精力集中在一些具有良好的市场发展前景、能够很好带动其他创新项目的重大创新工程以及专项相关研发项目上，并尽可能快速地完成这些工程和项目，以获得一定数量且具有规模化应用前景的科技成果。二是政府应积极采用建立示范工程、加大政府采购、推广应用等手段，将社会资金吸引到企业主体当中，利用市场化的运营模式加大对科技创新的资金投入，从而提高科技成果的转化率和成果产业化的效率，使产业的自主创新能力以及核心竞争力得以明显提高。三是更深层次地开展开发区建设，加大产业项目上的集聚力度，提高其集聚能力；注意发挥创新能力较强的企业对产业整体创新能力的拉动作用，发挥龙头产品对纵向产业链发展的带动效应，发挥科技创新对发展质量的优化效益。四是将重心放在具有特色的创新型产业基地上，提高产业基地集聚能力，在国家级特色产业基地的基础上，构建出具有特色的产业创新服务体系；借助龙头企业对横向产业链发展的带动作用，尽可能地将高新技术产业聚拢在一起，使基地内的各企业能够做到优势互补、共同壮大。

6.4.2 集成创新模式下企业自主创新的实现方式

集成创新模式主要强调的是融合各种相关技术，从而使其产品或产业更具有市场竞争力。这种创新模式适用于研发资源或技术不充足的企业，陕西省资源类企业就适合这种模式。由于地理位置的特点，陕西省境内资源较为丰富，种类较多，但分布不均。要实现资源类企业的自主创新，就要重视对相关资源或技术的整合，使那些有资源缺技术或有技术缺资源的企业能够通过与其他相关企业的合作形成优势互补，实现有机融合，通过长期的、进一步的深化发展形成具有竞争力的产品或产业。

（1）整合技术资源，加速成果转化

第一，建立多元协同主体，整合技术创新资源。

因为科研需要大量的资金投入，并且研究活动需要进行实践，所以科研内容逐渐转向为满足市场需求的产品或服务的研发活动。现代创新活动具有的种种特征，如更高的投入、更高的风险以及更高的难度等，使创新过程中各环节的行为主体选择以合作的方式进行创新，从而使各种创新要素配置达到最优状态。

技术创新是一个过程，此过程中又包括一系列活动：先是产生新思想，然后进行研发设计，再进行应用研究，对成果进行试验，继而进行工程制造，最后实现市场化。在高新技术产业群落不断出现的过程中，科技活动和产业活动也开始不断地相互融合，这种现象使产业结构中的高技术含量在持续地增加，使科技和经济一体化的产业现象成为主导力量；其中，社会的科技要素与产业进行不断地融合就是这种现象的一个鲜明标志。资本和劳动力这两大传统要素对经济增长的贡献已远远低于科技进步对经济增长的贡献。在经济全球化的趋势下，在人类社会由工业经济时代不停地向知识经济时代迈进的同时，各国和地区的结构和产业也在不断地进行着调整和转移，产业经济也已不再只关注技术经济要素，而是在关注知识和技术经济要素的整合以及要素间的优化配置，这些变化使科技与经济不断融合，科技经济一体化的发展程度不断加深，技术创新将更多地以科技经济一体化的方式呈现出来。

因此，技术创新活动只能由企业这一主体进行，并且最终要通过市场来实现创新。在这种观点中，技术创新过程的基点就是创新方案设计、工程制造和市场化。

第二，创新资源系统集成，提高成果市场效果。

创新资源的系统集成，也就是利用制度因素的作用对各种创新要素进行主动优化，选择合适的要素进行搭配，以合理的结构对要素进行优化配置，最终产生一个有机体。这个有机体是由匹配效果最佳且优势互补的创新要素组成，有机体形成的过程也被称为资源系统的集成过程。存在协同关系的不同主体间若是能够实现创新资源系统集成，其产业技术的创新能力将能得到快速的提高。

因此，陕西省企业要想通过较低的研发成本换取较高效率的技术创新，就要先将所有合适的创新资源合并在一起，再构建创新体系并通过多种制度的作用，促使各类主体主动且有创造性地将创新资源整合在一起，从而使各创新主体协调统一，形成一个优势互补、匹配效果最佳的有机体。为了达到这个目的，需要建立一个创新资源系统集成模式，利用该模式将所有技术创新主体结合在一起，这样才可以在降低成本的同时，使科技成果的外部效应转为内部效应。这样做不仅能够填补产业系统创新资源的缺失，而且能拓宽科研机构资金的来源，同时，在避免出现技术重复开发以及企业之间过度竞争的情况下，可以达到规模效应进而获得经济效益。

技术创新存在的高成本、高风险的特点，还会导致单个企业进行技术创新所要付出的成本越来越大。为降低企业的负担、节省研究费用、降低研发风险、加快技术渗透的速度、提高企业成果转化效率，最终达到产业技术创新效率明显提高这一目的，创新资源系统集成就成为必要手段。企业间必须进行联合，共同进行高新技术产品的研发。

（2）引导资源类企业共性技术研发

国内对共性技术还没有一个统一的概念，但目前大多以技术的影响范围为出发点的。在对共性技术的定义中，被普遍认可的观点是，共性技术指的是已经被许多领域广泛采用的，或是在未来可能在许多领域会被采用的技术；同时，这一项技术的研发成果在各领域可以共享，并且该研发成果会给一个产业或是多个产业及企业带来深远影响。也有学者认为，共性技术指的是那些能够产生巨大的经济效益以及社会效益的技术，这类技术能够在很大程度上拉动整个行业或产业的技术水平、产品质量以及企业的生产效率。

当前，美国国家标准与技术研究院经济学家Tassey（1992）[71]针对共性技术研发这一概念形成了自己的定义。他的观点是，共性技术研究只是技术研究开发中的首个阶段；作为首个阶段，其目的是证明某一产品或过程确实存在市场应用价值，技术风险由此被有效地降低，研发能够顺利进行，直至在应用阶段能够被广泛采用。共性技术的研究主要是进行概念证明，这一阶段是在实验室中进行的，它以基础的研究成果为开端，以实验室原型为终结点。

从企业合作创新模式的演化规律来看，共性技术创新需要聚集政、产、学、研、用等高质量的创新优质资源，为企业创新提供一个开放、创新的联盟环境。当前，我国还处于技术高速发展阶段，企业需要在不同层次上进行技术创新，以创造不同层次的新产品。因此，企业很难自主创新，必须根据自身的创新需要，寻找适合自己的企业进行合作创新。

进行共性技术创新，应当先构建一个容纳各种资源的开放式技术创新系统，企业可以在这个系统中了解到许多之前未曾了解过的创新技术，这也就使企业能够产生更多技术创新，获得更多的收益。如果系统没有涵盖所有与共性技术创新有关的资源，那企业将会因知识来源受限而技术创新效率较低。

组建产业技术创新系统：第一步，对各种要素进行整合，将各类主体包括高校、产业链企业与政府等都并入系统，拓展创新系统的广度。第二步，企业需要根据自身的创新能力,以及目前对技术的需求,选择其他相关企业,组建技术项目的创新模式。在这种模式下进行技术创新,相当于构建了一个针对相关技术进行研发的网络,基于此网络,企业共性技术的创新效率会得到一定程度的提高。在以这样的形式进行技术创新的同时,还可向政府进行相关项目的申报,若成功立项,则能获得一定的政府资金。综上所述,结合目前企业创新能力现状,产业技术创新系统的优势在于具有丰富的内部资源,以及能够帮助企业迅速找到合作对象,这些优势对企业共性技术创新的效率具有显著的影响,最终助力企业进行共性技术的探索与创新。

6.4.3 引进消化吸收再创新模式下企业自主创新实现方式

引进消化吸收再创新模式是指,在引进他人技术的基础上,经过消化、吸收,创造出新的技术、工艺或产品的二次创新行为。这种创新模式与原始创新模式、集成创新模式相比,风险相对较小,且相对于其他两种模式能够在短时间内使企业生产技术能力得到明显提高,因此这种模式受到了国内大部分企业的追捧。由于企业之间技术能力存在差异,企业引进消化吸收再创新模式的实现方式在技术级别上也有所差异,主要分为三个层次:简单仿制、模仿创新和自主创新。简单仿制即企业对其他国家或地区的高新技术产品或工艺,进行几乎没有其他创造性改变的模仿,带有"复制"的意义;模仿创新则是在引进其他国家或地区的高新技术产品或工艺的基础上,进行带有自身特色的创造性改变,从而形成不完全相似的其他种类产品或工艺;而自主创新是企业以已经引入的高新技术、产品、工艺为起点,通过具有创造性的方式,融入新的创新手段,在创新的基础上再次进行创新。

(1) 跟踪国际新能源类技术

国民经济的基础是能源产业,该产业为促进地方社会经济快速有效的发展提供了源源不断的动力。经济的不断发展意味着对能源具有更大规模的需求,而传统能源也在被大量的消耗,这就使对新能源的需求更加迫切;需求的增加也就带动了新能源产业的发展。《国家"十二五"科学和技术发展规划》清楚地表示,培育战略性新兴产业的力度要不断加强,要积极发展风能、电能、太阳能光伏、太阳能热利用、新一代生物质能源、海洋能、地热能、氢能、新一代核能、智能电网和储能系统等关键技术、装备及系统,实施风力发电、高效太阳能、生物质能源、智能电网等科技产业化工程。不断完善新能源技术创新体系,对新能源应用的先进适用技术和模式,要不断地进行深入的研究与开发,将新能源的生产、运输、消费与先进技术进行有效衔接,使新能源产业能够持续且高速发展。

引进新能源技术不单单是购买现有新能源方面的技术方案,购买的技术数量以及技术种类也不是衡量技术能力是否真正得以提高的标准。真正衡量技术是否进步的指标是:能否将引进技术内部包含的所有潜能都发掘出来,即是否真正学习和消化了引进技术,以及是否通过消化吸收达到将该技术应用于实践并创造出新的技术。只有将引进的技术完全掌握,并转化成属于自己的技术,才能真正在技术上超越他人。引进和吸收新能源技术包含两个实施步骤,即外部引进与内部吸收。

第一,能源技术的外部引进。首先,鼓励陕西省外资能源企业积极主动地进行新能源技术创新。就目前的情况来看,外资企业并没有对陕西省能源产业的技术创新产生非常明显的影响。针对此情况,可从以下两个方面进行改善:一是政府可采取一系列措施,促使省内外资企业积极主动地进行相关技术的创新,以加快企业吸收相关先进技术知识的速度,并在一定程度上加快企业自主创新的进程。具体措施包括:鼓励外商投资企业从事技术转让、开发,或提供与这些业务相关的技术咨询和服务;奖励设立研究开发中心的外商投资企业;允许外国企业和外籍个人在政策规定的业务中获取收入,同时可以不征收营业税;等等。二是利用税收优惠激励外资企业采购国产设备。如果外商投资企业在投资时购买了免税目录范围内的国产设备,将不征收国产设备增值税并享受一定比例的企业所得税抵扣优惠。

其次,对能源企业兼并和联合的行为进行鼓励,使省内的能源企业更具规模化以及集团化。在较大规模且有实力的能源企业对规模较小以及竞争能力较弱的同类型企业进行兼并时,要给予大企业一定的鼓励,并且在同类型中小企业进行联合时也要起到一定的推动作用，政府可有目的性地培植几家各方面实力都相对突出的大型能源企业集团，以避免能源市场上出现企业间恶意竞争的问题，使能源产业内部更具组织性。一般大型的能源企业集团具有资金雄厚的优势，能够产生规模效应，不仅能使企业更有效地利用现代化技术开展经营活动以及进行科学化的管理，达到经济集约化增长的目的；而且方便政府利用相关经济政策通过影响这些能源集团来进行政府调控，或在一定程度上干预市场，以保障整个能源市场更加平稳有序的运行。但政府采用相应的行政手段对市场进行干预时，需把控在合理的区间内，特别是政府在设置进入壁垒时，要考虑壁垒的科学性，根据一定的理论依据进行设置。如果设置的壁垒太高或太严就会阻碍能源产业的发展，达不到设置壁垒的初衷，甚至可能与政府要达到的目的背道而驰，对市场产生反向的影响。而适当且合理的壁垒能使政府的目的更好地得到实现，有利于维持能源市场竞争的井然有序，保障能源产业的稳定发展以及促进陕西省能源产业技术创新能力显著提升。

最后，对大中型能源企业的建设保持审慎态度，避免出现大中型商业企业过量的情况。大中型能源企业的建设需要投入相当多的人力、物力以及财力，且在很长一段时间后才能收回投资，如果没有进行充分评估就进行大中型企业的建设，一旦这些企业不能正常运营，将造成企业和国家大量资源的浪费。针对该问题，政府要设置严格的审批制度，把控大中型能源企业的新建数量；同时加速能源企业之间的兼并与收购，从而形成大型的能源企业集团。

第二，能源技术的内部吸收。首先，加大对研发活动的投入，同时增加基础研究占比。研发投入是最能够直观反映国家研发实力的一个指标，也是进行研发活动的必备要素。各个国家和地区都已深刻意识到科技进步能够在很大程度上促进经济和社会发展，所以各个国家和地区在经济形势较好时都会根据自己国家（地区）的经济实力，尽可能多地将资源向科技研发方面倾斜，支持本国（地区）的科技研发活动，使本国（地区）企业能够在全球市场上占据更大的市场份额。

其次，注重科研人才，制定合理有效的人才激励制度。陕西省在培养能源产业技术创新方面的人才上还存在问题。对于能源产业的科技开发和技术创新是促进能源产业发展的重要因素，而在科技研发活动中人才是必不可少的。在目前科技高速发展的阶段，企业要进行科技创新，就必须吸收大量人才，组建高精尖的科研人才团队。为吸引更多人才的加入，企业要做到重视知识、重视人才，坚持将人才放在首位的理念。政府在制定相关政策时，不仅要有对现有人才进行培养和保护的措施，也要有吸引更多的人才以补齐当前人才缺口的相应措施。良好的人才激励政策不仅能够真正做到留住本省现有人才、吸引外来人才，而且能够使相应人才在其位置上发挥最大的作用。

再次，有效引导企业科技开发的方向，使企业能够真正作为科技开发和技术创新活动中的主体。目前，政府通过颁布自主创新政策与督促企业行为成为科技开发和技术创新活动中的主体。但要使企业真正成为科技研发和创新的主体，第一步要完成技术创新体系的构建；第二步要增加拥有自主知识产权的技术创新数量；第三步要建立并完善技术创新机制，并保持该机制的市场化。企业自身要时刻保持自我革新的精神，这样才能在市场中保持强劲的竞争力，只有拥有源源不断新技术的企业，才能在本国市场乃至全球市场都占据一席之地。

最后，提高企业科技创新的意识以及创新能力，使创新逐渐成为经济增长的主要推动力。大多数企业经济增长主要依靠的依旧是对资源的大量投入，这种发展方式产生的问题显而易见，原因在于资源投入未必总能与经济效益产出相匹配。从实际情况来看，这种依靠投资促进经济增长的方式对经济的促进作用在逐渐削弱。大多数企业仍面临产业层次单薄，自主创新能力亟须提高的问题。企业目前的发展重点是逐渐改变推动经济增长的方式，跟随市场环境的变化做出调整，不再将投资重点放在投资的数量上，而是放在投资的质量和效益上。加大对企业自身科技创新的重视程度以及投资比例，重点投资于技术和设备上，争取获得更多拥有自主知识产权的创新技术，这样才能提高企业在市场中的竞争力，使企业逐渐形成集约型的经济增长方式。

（2）提高通信技术研究院下属企业创新能力

陕西省移动通信制造业拥有较好的发展机会，同时移动通信制造业的发展能够带动整个移动通信产业实现行业经济利益最大化，也为陕西省全面实现信息化提供了新的机遇，使陕西省有机会实现跨越式发展并跻身于世界先进行列。政府的引导、移动产业链的形成、资金的支持和企业群体能动性的充分发挥是陕西省移动通信制造业技术进步和产业腾飞的引擎。提高通信技术研究院下属企业的创新能力能为通信技术产业的革新带来不竭的动力。其创新能力包括以下几个要点：

第一，完善通信技术企业技术人员竞争机制。现代人力资源管理机制认为，优质人才是特殊的资源，人才像蓄电池一样需要不断充电，才能在需要的时候二次开发，因此需要建立健全人才培养机制。尤其是对于技术发展至关重要的技术创新和应用方式，是电子通信科研人员必须具备的基本素养。培养、竞争、学习、创新，这是个无限循环的过程，通信研发人员的培养和培训是第一步，只有掌握了基础的科研能力，才能进行后续的工作。因此，对于企业来说，人才的培养是技术发展的前提，在前提具备之后，才可以使用健全的竞争机制来促使科研人员不断学习、不断为自身充电，从而提升他们的创新能力和科学素养。对于年轻科研人员来说，他们更加拥有丰富的创新潜能，健全的竞争机制能够最大限度地激发他们的潜能，使他们能在适合自己的研究位置上做出更多的创新成果。同时，制度上要能够保障竞争有序，既有鼓励又有约束。一方面为科研人员提供保障，鼓励他们主动竞争；另一方面要有效防止恶性竞争，为科研创新提供良好的氛围。有序竞争制度对研发人员来说是一种良性的引导，能有效提升科研人员的研发创新能力。优秀研发人员所具备的优异才能和先进的创新意识是推动创新成果不断产出的动力。有了良好竞争制度的引导，研发人员的优秀才能得到释放和认可，从而提升其创新的积极性，提升创新能力，最终使电子通信产业的创新核心竞争力得到有效提升。

第二，重视基础技术，促进稳固发展；提升关键技术，推进高效创新。电子通信技术的竞争，首要的是基础技术的竞争。正所谓"积基树本""本固枝荣"，之所以要重视基础技术，是因为技术创新的前提就是基础技术的稳固。关键技术就是核心技术，电子通信核心技术为技术竞争博弈提供了优势，它相当于树木的关键枝节，是基础技术的延伸，更是创新技术的开端和创新力提升的重要环节。人类社会的发展依靠的是生产力，生产力的进步依靠的是科学技术。无论是生产生活还是经济科技，电子信息技术的创新都是变革的中坚力量，是生产力的强大推手。人力、物力、财力，都是电子通信技术发展过程中必须要大力投入的。基础技术的研发是根本，只有将基础技术的水平提升，才能为电子通信的发展奠定稳固的基础；同时，关键技术的创新优势能够为电子通信的发展提供突破点，从而以点带面，促进电子通信技术的全面发展。新技术的研究和使用能够显著提升电子通信行业的竞争力，而促使创新更加高效的重要一步是技术之间的融合，电子通信技术的进步是在诸如支撑新一代异构网络融合协同管理技术、对等网络体系结构（具有异构网络融合特征的新型结构）、面向异构 H 融合分组业务的动态控制技术等创新技术的支持下进行的。此类信息与通信技术（Information and Communications Technology，ICT）产品采用不同的技术标准，虽然属于同类产品，但是具有相互之间不兼容的特性，这种技术标注是一种独特的企业竞争优势。对于企业来说，"技术"带上"特殊"这一特性便能够为其带来意想不到的强劲竞争力，也为电子通信企业带来不断创新和进步的动力。企业通过技术创新提升 ICT 产品的竞争优势，为企业赢得独有的竞争力，而竞争优势带来市场效益，市场效益又会在很大程度上扩大优势，从而形成一种良性循环。ICT 行业的竞争实际上是技术创新的竞争，技术对于这个行业来说是发展的生命之源。ICT 行业创新有两大枝干，分别是代表产品的组件创新和代表标准的系统创新，这两方面的竞争是整个 ICT 行业影响力的代名词，掌握了这两方面的创新就意味着掌握了行业前端领导力。其中，组件创新是基础，处于前期阶段，系统创新是关键，处于后期阶段，二者相辅相成，共同促进企业的稳步提升。由于行业特性，制定标准往往关系着这个行业未来的发展方向，系统创新必须始终摆在首位。当实施标准被某超一流企业控制时，新的技术标准就很难顺利通过，这将对行业的发展产生障碍，使创新的难度变得更大。因此，在 ICT 行业的创新中，既要加大创新力度，又要关注创新能力，只有能力的提升才能保证系统创新的顺利进行。

第三，始终坚持标准化战略，加强知识产权保护。目前，各类电子通信产品的连接方式和端口都是以自己的标准制作的,这在某种程度上可以说是为了保护自身产品的不可替代性。但这样既不利于方便使用,也制约了各类电子通信产品的通用,使技术创新过程中产生不兼容问题。因此,标准化战略是创新过程中要始终遵循的战略,产业化的一个条件就是统一标准,这样才能更好地提升效率。同时,在电子通信技术的创新过程中应积极采取外向型发展政策,主动提升电子通信产品的应用水平,不断扩大应用范围,形成创新和推广共同发展的新局面。在此基础上,还需要加强知识产权保护,紧紧围绕电子通信核心技术进行技术创新和知识产权保护;同时,技术标准的制定方面要考虑到影响力和标准化,标准化体系建设要以促进创新和提升效率为目标,从政策上对创新和业务推广提供良好的支持。

20世纪80年代末,欧美厂商对技术进行垄断,中兴通讯面临着严重的技术问题,这个问题影响其整个企业的发展战略布局,制约着未来的发展。对于当时的中兴来说,亟待解决的是进行技术创新以打破垄断,而面临的最大问题就是技术问题。在困难重重的情况下,面对各方面的压力和阻碍,中兴通讯先解决了专利技术标准化问题,以此为开端,进行来料加工,将现有技术进行提升,自主研发出我国第一台数字程控交换机,这台交换机也是我国第一台拥有自主知识产权的数字程控交换机。中兴通讯进行组件创新的成功,不仅提升了国内技术自主研发的信心,而且向世界展示了中国高新技术企业的能力和决心;为国产电子通信产品的发展提供了新的思路,为国产电子通信产品的未来奠定了良好的基础;在很大程度提升了科研人员的整体科研素质,优化了科研人员的创新能力;推动了后续高层次技术和成果的突破,实现了中兴通讯的技术进步,更是国产电子通信产品的一大进步。

另一个创新的典型例子是大唐电信集团。大唐电信集团的技术创新主要集中在系统创新方面,其专攻的TDCDMA核心专利技术研究成果证实了"三流企业卖苦力,二流企业卖产品,一流企业卖技术,超一流企业卖标准"。对于大唐电信集团来说,要想成为行业超一流企业,就要将标准制定作为发展的关键,将系统创新的重点放在标准的建立上。深耕标准创新成为大唐电信技术创新的发力点。最终，这项研究成果成为 3G 系列国际标准，并被 3GPP 接纳，获得国际电信运营商和设备制造商的一致认可。

上述两个案例在标准化战略方面取得了一定成绩，但现阶段，陕西省 ICT 技术发展过程还是受到很多阻碍：一是国际竞争标准限制，二是自身掌握的专利技术有限。这些阻碍会导致电子通信企业无法充分利用已有资源，没有机会充分发挥真正实力以提升其核心竞争力，从而在激烈的国际竞争中无法跻身一流企业行列。这就解释了为什么强调系统创新的人力、物力、财力的大量投入，为什么要将系统创新成规模地去发展。因为只有这样，才能为陕西省电子通信行业企业打开竞争之门，开辟竞争道路，才能实现成为超一流企业的飞升。

第四，创新业务扩张模式，支持新型业务创新。企业产品及服务价值链上的任一环节均能成为企业创新的突破口，其中业务创新最为普遍。因为业务扩张是技术创新的必然结果，需要及时进行业务模式的改变以适应新产品及核心技术的出现。可以说，业务创新和技术创新是相辅相成的，这样也能够形成经济支持以开展新一轮的各方面创新。电子通信技术的创新为产品的业务推广创造了条件，业务推广又为电子通信技术的创新提供了经济支持和操作平台，这会形成一个良性的、互利互补的有效循环圈。电子通信产品推广业务的进步，不仅能够拓展产业链，调动业务商的创新积极性，促使业务商和开发商合作，促进互惠互利共赢发展；而且有利于激发开发商的研发积极性。一方面，对电子通信技术创新的提升；另一方面，利益共享、收益共分的发展模式创新推进了电子通信业的繁荣发展。这种模式有利于开发商和业务商互相提供经济支持，尤其对开发商来说，业务模式的不断更新是催生新技术的有效动力。产品升级换代的速度会加快，时间会缩短；研发人员也会相应提升工作效率，缩短研发周期。对于业务商来说，商品更新换代快，就需要采取更行之有效的业务模式和方法与之配合，这样也能相应提升产品的业务推广效率。产业结构调整、国际国内市场占有率都是技术创新影响的结果。技术创新既是一个国家发展电子通信技术的最终目标，也是小到企业、大到行业赖以生存的基本要素。只有不断进行科学研究，才能在电子通信技术的国际竞争中争得有利地位。因此，建立健全科研人员的培养和竞争机制，有效筛选出符合企业要求的人才；坚持标准化战略，给予研究成果如新知识和新技术知识产权保护；维护研发人员的积极性和主动性，保障研究人员的基本利益；将重心放在基础技术和关键技术的创新上，同时着眼于业务创新，争取做到面面俱"抓"，努力提升电子通信技术的整体实力，实现国际高水平发展。

6.4.4 官产学研创新模式下企业自主创新实现方式

官产学研创新模式是以技术为中心，通过将政府、企业、高校、科研机构四方关联，以其对技术的供需关系作为连接纽带，形成稳定的合作创新模式。不同层次的创新主体（包括但不限于前述四方）依据不同的分工进行相互协调，围绕共同目标对科学技术资源，如科技相关的人力、物力和财力资源进行配置，从而实现科技资源配置的社会最优化。因此，官产学研创新模式实际上是一种合作创新的模式，它是通过创新主体之间的合作产生效应的。当今，这种创新模式已经被广泛应用并演化成其他模式，如官产学研联盟以及"孵化器"。

(1) 推动官产学研联盟发展

产业技术创新战略联盟是由高校、企业和科研机构等主体组成，以满足各方需求（如企业的技术需求，高校或科研机构的经济支持等）为纽带，以提升整体行业产业技术水平为目标的技术创新合作组织。在这个组织形成的网络中，企业有技术、研发和科研人才需求，而高校科研机构有技术、研发环境和资金需求，这样就存在主体联合开发的诉求，也就此形成优势互补的良好基础。另外，对于研发技术形成的优秀成果所带来的收益，能够各方共享，同时能促使各方进行风险共担，在法律的保障下，形成一个坚固的联合体。战略技术联盟的形成，顾名思义，就是为了将战略运用到技术发展上，形成一个具有相同目标、统一战略的利益共同体。在这个联盟里，技术创新既是出发点又是落脚点，既是开端又是终点。技术创新的目的有以下几种：一是实现产业结构升级；二是完成产业共性技术的研发；三是新技术的及时有效扩散；四是不断开发新技术、实现新突破；五是引领整个产业、行业乃至国家的技术发展；六是实现最终的综合实力提升和整体素质提升；七是促进行业竞争力，成为国际佼佼者。

陕西省本土企业在技术创新方面主要受到的制约因素有：研发水平起点低、研发能力薄弱；对创新系统内部技术、生产、销售三个环节的投入偏低、转化率低、铲除效应低；等等。不解决这些问题，企业技术创新能力就会永远受限制，更不用提发展。因此，对于企业来说，寻找一种新的发展模式，组建产学研联盟既是一次新的尝试，也是一个新的机会。产学研联盟发展模式为企业提供了有利的技术支持，使企业在合作过程中不断汲取高校和科研机构的技术力量，不仅能为企业带来技术支持，而且能为企业吸引未来人才，进行人才储备，此外还能促进参与各方的资源共享、优势互补、风险共担、利益共享。这样的联盟能够通过以下三个方面为实现企业自主创新起到推动作用：

第一，产学研联盟模式可以调动参与各方的主动性和积极性。在传统计划体制下，由于缺乏合理的激励机制，合作活动主要依照政府的安排进行，缺乏一定的自主性，导致企业与科研机构和高等院校之间无法进行有效配合，相互之间也没有合理的分配机制，结果往往差强人意，打击了各主体的合作积极性。产学研联盟形成了一个整体，对于整体而言，内部之间形成一个有组织、有计划的集合体。这个集合体具有共同目标，具有一致方案，这样就可以强化内部的利益纽带，把各方利益捆绑起来，既能协调各个机构之间的矛盾，又能提升凝聚力和整体竞争力。出于自愿，目标一致，科研自主，成果共享，互利共赢，这种由各方沟通协调的联盟，既能照顾每一个参与方的利益，又能保证整体大目标、大方向不变，排除政府的过多干扰，激发出联盟合作各方的研发积极性，同时为企业提供优质的技术人才，提升企业的创新能力。

第二，与创新有关的各类资源在产学研联盟合作创新模式配置下能够得到合理运用，这是一种有效提升资源使用效率的手段。企业进行技术创新的前提是其已经掌握了现有的技术，拥有进一步提升技术的各类资源如新技术支持、资金支持、科研人员的创新能力等，因而此时企业更需要的是整合资源的能力，以及对现有资源进行合理配置的能力，这样才能保证最大限度地发挥所有资源的效力。企业、高校和科研机构之间的创新合作分享模式，是将各方机构的资源余缺进行互补，相互分享和利用，从而实现资源使用效率最大化，将创新资源整合推向高效益。

第三，产学研联盟形成的是技术联盟，分享的是资源，获得的是技术，提升的是效率，本质是创新，结果是共赢。出于自愿自主结盟，整合资源，将知识资源和物质资源进行共享后再合理配置；联盟各方扮演好自身的角色，将权利责任明确到各机构；在联盟内部，沟通渠道通畅便捷，可以做到及时反馈、明确各方的需求、减少工作失误；创新工作的开展需要各方机构的通力配合，各个机构在共享资源的基础上进行技术互补，从而推进创新进程，迅速提升创新能力，最终实现共赢。

当前的大环境推动企业进行自主创新，产学研合作创新模式是，企业提出需求并提供资金，高校和科研机构提供技术和成果，多方共享技术成果，将其应用于实际生产中。这种模式在实践中被证实是高效高产的，产学研合作创新模式可以使各主体合作规模越来越大、合作领域越来越宽、合作期限越来越长，形成如共建工程技术中心、共享科研实验室和经济联合实体等多种形式的高水平合作实体，建立起更加长期、稳定、高质量的合作关系。

目前主要的产学研模式是共建经济实体。长期合作经济实体是一种按照现代企业制度所组成的，以法律规范为依据制定协议或合同，协调产学研各方的资源优势，以企业或集团长期发展目标为基础的大型经济实体。其主要特征有：资源合作（目标是自身稀缺的资源）、优势互补、组织协调、管理协同、市场资源共享；管理体制完善，目标清楚，风险责任明确，权责规范化，有利于每个部门充分发挥自身长处；分配制度完善，根据出资比例（尤其是高新技术资源投入比例）的分配制度条例明晰，其会根据高新技术资源产生预期收益和风险、市场需求核心技术的不可替代程度确定分配比例，同时对于稀缺的高新技术可以适当提升分配比例。

在共建经济实体中，高校科研院所做出的贡献主要是技术入股，这种入股方式主要包括科技成果或者知识产权；同时，与企业入股方式相同，高校也会有一定程度的资本入股。经济实体在现实中主要包括有限责任公司、股份制公司、科研或生产联合体、科研型经济实体等形式。其中科研型经济实体包括研发中心等，一般设置在机构或者企业内部。合作建立的经济实体依照公司法规定，独立于投资的各方，自主运营，自主开展日常研究，自主选择经营模式，自主决定发展方向。对于企业来说，这种独立经济实体的建立，能够为企业提供成熟的技术知识，是一种高效进行科技成果转化，将高新技术形成规模的产业化方式。对高校来说，将研究成果应用于实践，既有利于现有成果的推广，实现技术的有效应用；又有利于进一步创新，不断突破现有的成果，实现创新突破。在经济实体初创阶段，要明晰产权，合理确定发展方向，确保发展的持续性和稳定性。产业化目标应从高校和科研院所的科技成果出发，筛选出符合市场化条件的、有利于实现产业化目标的科技成果；至于其余企业法人参股，应明确资产组合方式；同时，设置如"发展基金"这样提供资金支持的机构部门，从源头上解决资金问题，为高校和科研机构进行后续研究提供基本经济支持，确保基础性研究、科技开发的正常进行，同时加强学科建设、充分发挥科研优势。另外，这种模式也能够为企业培养优秀人才，使合作高校和科研院所成为企业的研发人才储备库。

在发展共建经济实体的同时，应同时加强以下两个方面的工作：

一是以核心企业、中小型企业为中心，完善配套的产业链体系。综观国际经济开发的过程可以发现，大企业的聚集效应对形成区域经济发展起重要的作用，龙头企业对区域经济的拉动效果不可小觑。要提高产业聚集能力，就要提升产业体系的综合竞争实力，完善产业配套体系，依托龙头企业形成产业链和产业群，使各个要素在区域中更有效地流动起来，从而真正促进区域经济发展，推动区域产业结构升级。

二是支撑企业创新发展，建设科技资源服务体系。当前，陕西省科技资源主要存在资源匮乏、信息更新相对滞后、生产创新效率低下、整体环境封闭、创新主体分散等问题，这些问题造成陕西省企业科技创新能力弱、发展缓慢。具体表现在以下几个方面：在基础条件建设方面，依然沿用旧有制度，不能及时更新管理制度，造成管理资源的浪费和管理效率的低下。科技资源方面，没有合适的激励机制推动资源共享，配置不合理，使有限的资源不能充分发挥出其效用，同样造成资源的浪费；在科技基础条件管理方面，政府的投入没有依托市场，不能为市场所用，脱离了社会共享的初衷，这就导致市场缺少基础资源，而资源持有部门使用效率不足造成浪费。在科技基础条件服务方式方面，现有的资源导向型服务方式受制于资源拥有量，缺乏合理高效的资源获取渠道，导致资源需求无法被满足；而所缺的市场导向型服务方式可以更好地贴合市场需要，更加有针对性地进行市场资源配置，从而提升各方面的运行效率。在合作模式方面，各机构间不能统筹合作，没有统一的管理模式和运行方式，不能很好地实现发展目标。从国际经验来看，科技资源是科技能力提升中最重要的一环，是一个国家建设发展科技水平、进行科技创新的基础，也是科技型企业创新发展的基础。

要实现科研成果转化，需结合产业化服务，建立独特的企业服务支撑体系，整合现有资源并加以有效利用。这是非常重要的一步。如果这一步出现问题，就会导致科技型企业无法有效对接社会资源，企业的需求无法得到满足，最终造成发展滞后甚至失败。因此，建设科技资源服务体系时，需要注意以下几个工作重点：

第一，建设科技条件平台时需考虑企业需求。平台建设要满足"四化"发展目标，即运行机制市场化、平台运行企业化、服务对象社会化、资源条件共享化。运行机制市场化是以市场作为主要手段来调动和配置科技资源，发挥市场的自动调节作用，实现资源利用最大化，促进企业科研成果贴近市场，使平台发展更适应市场要求；平台运行企业化是指将平台的管理模式作为企业运营模式，以更好地从企业科技创新需求出发，为企业提供更加周到的服务；服务对象社会化是指平台服务的客户不只面向研发活动，还可对接研发、对接产业需求、对接创新主体，为研发创新的各个环节提供服务支持；资源条件共享化是指打破科技资源在拥有者、经营者、使用者和需求者之间的壁垒，形成互利共赢的模式，降低各方创新成本，提升资源利用效率。

第二，政府科研项目以企业为研究主体。技术创新是企业发展最重要的内核，对于大型企业来说，其更是技术发展的主导力量。在创新过程中遇到的障碍或者瓶颈，就是未来一段时间内的技术攻关重点。科技立项要与经济社会发展最紧迫的需求紧密结合，满足企业的科技创新需求。首先，建立统筹创新工作的系统,让更多的部门和机构参与工作,为科技创新提供最广泛的工作支持基础,形成部门之间的协调配合。其次,为科研项目的知识产权建立保障。产权对于科学技术研究来说是至关重要的,研究成果产权化应该成为建立管理制度的核心工作。最后,建立以行业和企业技术专家为主体的科学决策组,完善科技创新决策可行性咨询研究制度。

第三,开放高校科技资源。合作应由高校、企业、孵化器公司三者共同进行和完成。首先,高校提供科技资源共享实验室,实验室的协助人员配置由孵化器公司来负责,这部分人员主要进行日常研究的辅助工作,实验室的技术指导、培训工作和日常研发由专家专门负责进行。其次,共享实验室日常产生的费用(设备维护费、实验人员工资薪金和实验室使用费等)由孵化器公司支付,而孵化器公司的收入来源是企业使用费,以及从高校支付的代理费。在不影响高校日常科研任务的基础上,开放高校技术资源在一定程度能够使学校资源得到充分利用,为学校带来一定收益;还能够统筹资源,实现国家、高校、企业多方受益的格局:一方面,可提高高校科技资源的使用效率,为高校带来一定的经济收益;另一方面,能充分调动企业的研发积极性,提升企业的综合科技研发水平。

第四,聚集行业资源。虽然不同产业之间表面上看起来没有联系,但不同产业之间还是会存在一些共性问题;共性问题可以用共性方法来解决。政府作为领导机构,要想成为领头人,就应打破上下级隶属关系,形成平等交流、沟通、共同决策的良好氛围;同时,联合各个部门机构建设"联合服务平台",进行综合整体规划,从大局出发统筹各方面的管理、决策、执行、落实、反馈,构建一个相对完善的"闭环"。将行业内各分散部门整合规划、有效组织,形成层次分明、分工明确的整体,实现高效的信息交流和资源共享;同时,自上而下地合理分配科技资源,形成有条理、有逻辑的工作流程。运用利益杠杆,促使科研院所和产业界相结合,为企业提供快速高效、灵活便捷、精准的分析测试服务。

第五,灵活使用多种获取新技术的手段。技术并购经营是产学研合作的高级形态,是一种引进外部创新主体实现自身创新的方式;它通过收购、投资、控股等方式,快速获取企业外部的技术资源。对企业来说,技术并购经营可以节省研发时间，降低研发成本，是一种战略性技术手段。企业与上下游直接进行对接，利用上游研发成果作为开端和基础，寻找下游新的产业市场，既是对外部资源的一种高效利用，又是对企业自身技术的一种积累和储备。这有利于企业迅速实现经营战略，为企业节约大量成本和时间。

(2) 加强孵化器建设

目前存续的孵化器类型丰富，比较典型的有高新技术创业服务中心、大学科技园、留学人员创业园、专业技术孵化器、国际孵化器、虚拟孵化器以及大型企业内部的衍生孵化器。

第一，制定激励政策，创造有利于企业自主创新的环境。

国务院制定《国家中长期科学和技术发展规划纲要（2006—2020年）》并发布了实施规划纲要的若干配套政策，以此来强化企业技术创新的主体地位，同时实现对企业创新的激励作用。国家层面出台了包括科技投入、税收激励、金融政策、知识产权保护、人才队伍建设、科技创新基地平台构建等10个方面60条相关配套政策，各地政府在严格落实的同时，应结合当地企业创新的实际情况，制定符合规定的具体政策，为企业创造良好的创新环境和有力的政策支持。企业自身也应该利用好这些政策，结合自身具体发展情况，借助政策支持，按国家中长期科学和技术发展规划进行创新工作，加快发展自身的自主创新技术。

第二，构建社会化服务网络体系，优化企业创新发展的营商环境。

企业孵化器的主要作用在于为创业企业创造健康优质的营商环境，使其能够快速成长。孵化器的服务一般来说是一体化的，既要完善硬件设施，又要提供一系列软件服务，因而要主动汲取众多社会中介机构的力量，促成其主动为孵化器及在孵企业提供发展所需要的各类服务。不同于成熟企业，处于创业阶段的企业大多缺乏经营管理的实践经验，也面临着各类资源的不足，加之其上下游企业的发展也可能处于初始阶段，会遇到各种各样意料之外的问题，因而需要各方面的经验指导。孵化器可以通过建立完善的中介服务体系，打造一个增值服务平台，将财务评估、咨询、市场推广等服务工作直接与各类社会化服务机构对接，与会计师事务所、咨询公司、评估公司、律师事务所等机构建立直接联系，为在孵企业提供有利于其快速成长的环境和条件，完成对创业企业的成功孵化。

第三，成立公共服务平台，提升服务质量。

创业企业处于初始阶段，资金、管理、研发等能力都较为薄弱，不具备购置大中型设备仪器和开发工具的能力，而公共技术开发和服务平台具有技术共享、设备共用的功能，可以支持创业企业开展研发活动，弥补创业企业的不足。但目前，我国这种公共服务平台的发展现状却是比较滞后的，这也成为创业企业快速发展的制约因素之一。孵化器的基本建设工作应该把这类公共技术服务平台的建设也纳入其中，将公共技术服务平台和各高校、科研院所联系起来，为在孵企业提供长期稳定的共性技术供应，协助企业实现共性技术的应用。高校和研究所也可通过孵化器为企业提供仪器设备资源和实验设施，弥补企业资金的不足。另外，在与高校的合作中，企业可以获得机构专家、教授等专业人员提供的技术指导和直接的咨询机会，这样有利于企业从科研一线人员处获取最新研究进度和成果，迅速掌握核心技术，并及时进行实践应用。公共服务平台的建立，不仅能为企业提供良好的研发环境，而且能够为高校研究人员提供理论应用于实践的机会，节约成本和时间。同时，企业的发展需要有针对性的技术支持，与具有研究能力的机构直接沟通，可以帮助企业确定可持续发展的方向，更好地满足企业的需求；也为提供技术的各个单位提供了科技成果转化的机会，拓展了其进一步研发的空间。

第四，强化人才"选育留用"，创新孵化器的管理体制和运行机制。

高素质的管理服务团队、良好的管理体制和运作机制是一个经济主体正常运作的保障。对孵化器来说，它们是提升服务水平、提高孵化质量的重要因素。一方面，孵化器的高效运作离不开有能力的管理人员，着力提升管理人员的专业素质尤为重要。一是提升管理人员的基本素质，加强对管理知识培训学习的重视，为企业培养创新能力强的管理人员。二是积极开展技术相关的创业培训，提升人员职业技能的整体水平；积极开展专业培训，提高在孵企业经营管理人员的专业管理能力和综合素养。三是充分调动各类管理、创新人员的积极性，例如，采取必要且有效的激励措施，设置优待政策，提升人员整体服务意识和创新意识，提升优秀人才的奉献精神和敬业精神，为孵化器发展奠定人才基础。另一方面，在企业孵化的整个过程中，政府扮演着政策制定者的角色。政府可为管理体制的建立和完善提供有力的政策支持，保证孵化器的健康运作；可引导孵化器探索服务形式，力求简洁高效，在兼顾全局的同时，不过多干涉孵化器的内部运作。在推动孵化器健康、良性循环发展的道路上，政府需始终遵循市场化和企业化这两条轨道，发挥市场的重要作用，积极以企业化运作的方式调动孵化器的积极性和能动性，促进各个孵化器的个性发展和良性循环。政府还应坚持按照市场需求制定目标，从需求端把控服务方向，督促孵化器完善服务功能，不断提升服务水平和效率。

第五，加大投资力度，提供资金支持。

资金不足的状况会打击创业企业的研发热情，也会影响企业的后续创新。针对这一问题，政府可从两个方面进行作为：一是政府加大对创新创业企业资金的投入力度。政府需积极扶持创业企业，特别是高技术企业。现有技术改造、新产品开发、产品结构调整等各方面都离不开资金支持，政府可建立针对创新创业企业的专项发展资金，督促企业将这部分资金运用于创新创业上，以此来帮助企业解决资金短缺问题，推动企业的发展。二是政府颁布针对孵化器、创新创业企业的优惠政策，如鼓励各类资本（风投机构、民间资本、社会资本等）向在孵企业进行股权投资、支持民营孵化器发展等。投资主体的多元化是一种可实现多方共赢的利好模式，特别是由政府主导的以孵化器为主转变为以民营孵化器为主的孵化器产业，成为助推企业成长的重要力量。社会资本介入的孵化器为创新创业企业的多元主体投入提供了更多的可能性。

6.4.5 开放式全面自主创新模式下企业自主创新的实现方式

开放式全面自主创新模式在重视内外创新要素系统集成的同时，还注重内部各要素创新的全面协同，即实现企业内外部共同协调与匹配的形式；这里的"企业外部"是指本国（地区）以外其他国家（地区）的企业和环境。企业实现自主创新要达到既开放又全面的效果，不仅需做到以开放的姿态积极吸纳外部资源，而且要积极推动企业进行内部创新，发挥协同合作的力量，督促企业内部全员创新、全时空创新和全要素创新。陕西省的科技发展较早，科技资源较为丰富，尤其是高新技术的发展已经具备了一定的科研实力与自主创新能力，积累了较为丰富的经验。近年来，陕西省更是将目光延伸到了国外，与世界其他科技实力较强的国家和地区进行合作与交流。因此，陕西省企业完全有机会采用开放式全面自主创新的模式，引进更多高水平科研技术、产品、工艺，并与多方合作，实现突破性发展。

第一，开放创新是加快企业创新发展速度的利器，也是提升整体创新水平的重要手段。企业必须将自己置于开放系统，与外部创新资源及时沟通，汲取创新思想，共享知识资源，不断提升创新的基础水平。第二，企业创新应从整体出发，形成一套整体性的活动。这就要求企业对各类创新要素资源进行整合，包括技术上和非技术上的要素整合，使这些要素通过高度整合发挥出协同效应。这一步涉及各个方面的创新，如战略、技术、管理、制度、文化、市场等，整个过程中绝不能存在"短板"。第三，不断学习、汲取知识是企业获取新事物的重要途径，创新的过程离不开学习。不仅要学习新方法、新途径，而且要学习创新的新思维。学习包括组织内部的学习和组织之间的学习，这是提高企业开放式全面创新能力的关键途径。技术部门需要通过学习进行技术升级，高层管理团队也同样需要通过学习不断改进管理模式和管理方法。全面创新管理的关键便是不断进行知识更新，再加上人力资本、组织文化等方面的多重支持，不断提升企业创新的能力和水平。

开放式全面创新为陕西省企业提供了持续创新的思路，指出了持续创新的新方向，具有重要的管理价值。开放式全面创新对中国企业的创新管理提出了更高的要求。在经济全球化的进程中，开展开放式全面创新，企业需要做到以下几点：在思想上，突破"仅依靠自己创新"的传统思想，主动寻求外部支持，重视技术创新的同时也要重视非技术创新，减轻技术与非技术之间不匹配造成的不良影响；在战略上，要整体统筹规划，密切关注外部创新的需求布局，制订符合企业创新发展的战略计划；在组织上，要重视内部各类创新要素在全时空和全价值链上的协同，大力加强对非技术要素创新的组织管理，改变传统的封闭式创新模式，切实提高创新绩效。

(1) 促进技术投资主体多元化

创新资源是一个系统集成的体系，牵涉到各个领域之间的协同工作，因而多领域合作、多元主体协同、多形式合作、创新资源系统集成是必要的，也是符合企业创新要求的。首先，确立创新主体的共同利益，使利益在各主体间的分配相互制衡，形成创新主体共同的利益制衡机制。其次，优化创新协同主体中适宜创新的资源，建立各主体间的长期协作机制。由于优化资源需要对协同主体的资源进行整合，而协同主体的不同合作机制均受到制度约束，因而需要政府提供有助于各协同主体选择运作模式的制度环境，以及适宜企业发展的政策支持。最后，为了确保合作取得有效成果、实现协同合作的长期目标，各合作主体要根据制定的产业技术发展规划，确定发展方向并及时纠正工作中出现的错误；同时，需要定期对技术发展进行绩效评估，及时发现问题并引导产业系统向正确的方向发展。更重要的是具体问题具体分析，根据自身的发展现状结合产业技术转移机制，选择合适的发展模式，从而提升多元协同主体的整体技术研发能力，实现多元协同主体的技术经济一体化。

多元协同主体的运作模式从无资本纽带关系的市场交易开始，通过非正式合作项目逐渐建立起互相信任和互相适应的模式，初步形成合作机制；之后，从单个项目委托这种简单形式开始，发展为正式合作项目，各方整合各自资源，通过正式合作项目推进、开发、分享、转让创新技术；进一步地，可以成立合资合作企业，逐步实现相互持股、控股；在合作企业取得一定效果后，亦可构建多主体研发中心来从事创新活动，吸纳不同企业和不同领域科研院所共同进行开发合作，为各方后期发展提供技术支持；随着进程一步一步的深入，最终走向一体化。大型企业资金实力雄厚，各个方面资源都具有深厚的积累，企业内部不同部门之间、企业之间、行业之间、地区之间甚至跨国公司之间，都可以尝试以关键项目为纽带，开展多形式、多层次、多领域的长期合作。

对于实力雄厚的大企业、大集团来说，可以通过很多方式获取创新技术资源，从而不断提升自身的整体实力。首先，大企业向新地区拓展业务相对来说比较容易，因而可以将新的技术开发机构设立在科技资源和人才资源集中的发达地区，尤其是跨国设立机构，这种形式有利于跟踪国际最先进的科技成果，紧紧抓住世界科技创新发展的大方向，为企业提供创新决策依据。其次，运用自身优势与合适的科研院所建立创新技术工作的合作关系，从而获取研究中心的科技创新成果，为企业积累研发经验并吸取高质量科研人才。最后，依托大企业自身的信誉与各方签订长期合作协议，整合并利用各方的资源，实现互利共赢。

当企业着眼于建立新型技术开发联合体时，需要联合的机构主要有高校、政府研究机构、独立科研院所或者其他公共或私人的研究机构。对于企业来说，如果将研究机构建立在校园内或者临近科研实验室的地方，有利于促进科研机构与企业之间的沟通，进而形成一种共同进行高新技术产品初步设计、共同推进实际研究、共同实现产品最终开发的运作模式，这种运作模式是一种开发联合体，能够促成科技研究成果的商业化。一些实力较强的科研机构可以作为独立的技术创新主体，自主开展创新活动，将研究成果直接转移向企业，把自身优秀的技术经济实力和生产能力转化为丰富的科研成果，直接实现技术成果的产业化和市场化。因此，产学研联合是企业和科研机构建立长期稳定合作关系的基础，这种合作模式进一步深化发展，就能形成各类多元协同联合主体，显著地提升企业的产业技术创新能力，在短时间之内形成产业聚集，加强中小企业与科研机构的联合，为中小企业提供利用先进的技术，加速推动研究成果转化，奠定高新技术企业的生存基础。

（2）支持公益类科研机构发展

第一，建立适宜科研机构发展的外部环境。国家应该从立法规范、政府政策引导、民间行业激励机制等方面为公益类科研机构提供有利的外部环境，推进各类公益类科研机构的健康发展。

首先，完善政府的政策引导。公益类科研机构的特殊性质使其日常运行主要依靠政府的优惠政策，而且各国（地区）普遍会对这类机构提供优惠政策以扶持其发展。当然，享受优惠政策的同时，公益类科研机构也要接受来自政府的监督审查。一方面，权利与义务是共同存在的，政府设立享受优惠政策的基本条件，并定期对机构是否满足条件进行审查，只有审查合格才能继续享受；同时机构也要积极履行其义务，取得科技创新产品研发成果。另一方面，持续定期的审查能够督促机构以更加认真负责的态度对待科研任务，政府优惠政策在某种意义上算得上政府对科研机构的投资，这种投资会影响公益性科研机构的日常研究工作，关键时刻也能起到决定性作用，因为当投资额巨大时，对于机构来说获得这些投资的机会就非常重要，那么机构为了不失去这个机会就不会以敷衍的态度对待日常工作，这样能够起到更好的督促作用。

其次，在国家层面以法律形式规范优惠政策，发挥政策宏观指导作用。针对企业提供的优惠政策，由于各国（地区）法律规定不同，企业享受到的权益和保障也不同。技术成熟和科技较为发达的国家如美国、德国、日本的公益类科研机构虽然采取了自治组织形式，且绝大多数是具有高度自治管理权力的，但政府在整个科研过程中还是起到了相当重要的主导作用。政府会编制符合各种类型企业科研需求的发展规划或者指导方针，这些计划类文件都是通过法令实施的，以从国家层面对公益性科研机构的科研课题进行方向指导，也让企业在执行过程中具有方向感，紧紧围绕着科研主题开展研发活动。不仅如此，这些国家还通过国家层面招标委托、签订具体项目合同、辅助以资金拨付、各种定期不定期的专家评估和抽查方式等督促科研机构按照国家发展需要进行科研活动，这无疑也是对公益类科研机构工作的一种监管。相较于直接监管，借第三方进行监管在某种程度上能够使法令政策得到更好的执行，这是一种间接拉紧的契约式硬约束。如美国、德国、日本等发达国家的政府都在司法层次上设置了监督机构和独立的税收管理部门。可见，政府通过实施法令保留对公益类科研机构活动的直接或间接的领导力或导向性，保留对税收政策、各项优惠政策以及技术发展总体规划的指导作用。

最后，在民间层面借助民间团体积极进行行业激励。民间行业激励的形式有很多种，整体可以分为外部激励和内部激励。外部激励比较典型的例子是美国推动公益类科研机构设置的行业自律组织，如全国性协会互律组织、联合性互律组织、行业性社员互律组织等；以及更具有约束性的认证制度等。行业自律和行业间他律的激励效果最为明显。这些组织的运作方式一般是设置道德标准和行为规范，督促科研机构共同遵守。会员的社会形象会影响其他会员，也会影响组织的社会形象，从而形成一种良性的监督机制。德国和日本也有这种较强的公益类科研机构协会自律组织，它们的职能与美国建立的组织相同。事实上，大部分国家都是通过类似的行业自律组织，制定行业规范和规章制度，自主形成行业文化，营造更加和谐有效的科研氛围，对企业进行约束和激励的。内部激励则是公益类科研机构内部进行的行业激励。公益类科研机构内部不同的行业形式之间既有独自的业务领域，又有交叉合作，当公益性科研机构在申请政府科研委托项目时，需要进行共同合作以提高竞争力，这样的良性竞争有利于科研机构着眼于提升自身实力，是软约束的一种形式。另外，虽然公益性科研机构不以营利为目的，但是也需要保证其日常运转和相应的福利开支，这就要求机构立足于基础性研究，着眼于全局，聚焦于社会效益，统筹进行规划，以基础性研究进行宏观考量，不断提升自身整体实力来争取合作项目，获取相应的经济支持。这样一来，行业内会形成"激励软约束"的激励模式，公益类科研机构的整体素质会有所提升，整个国家同类机构的技术服务水平也会随之提升，最终形成一种有效的正激励方式。

第二，进行有利于科研机构发展的内部管理。《国务院办公厅转发科技部等部门关于非营利性科研机构管理的若干意见（试行）的通知》（国办发〔2000〕78号）中指出，对非营利性科研机构的管理，科研机构主管部门（单位）要逐步将直接领导转为通过参加理事会参与科研机构决策，对科研机构赋予自主权，最终实现非营利性科研机构经营管理的社会化。非营利性科研机构要积极探索实行理事会决策制、院（所）长负责制、科学技术委员会咨询制和职工代表大会监督制度。理事会负责面向社会公开选聘和推荐院（所）长，审定发展规划、年度工作计划和财务收支计划，监督业务和管理活动的合法性。理事会成员由主管部门（单位）代表、本单位代表、行业专家代表、有关出资方代表组成。院（所）长是法人代表，执行理事会决议，负责科研业务和日常管理工作，对理事会负责。科学技术委员会负责对重大科学技术问题提供咨询服务并提出意见。职工代表大会负责监督工作。其中，理事会决策制度是保障组织运行效率的关键制度。公益类科研机构的理事会是科研机构的最高决策和权力机构，通常有着较复杂的身份构成，这种身份构成可以在一定程度上起到权力（利益）制衡的作用，由此形成一套严格的控制程序，在处理复杂信息的同时，又能应对各种复杂情况，提升监督控制的效率。

高层管理者的筛选由理事会进行，而高层管理者只被授予日常运作的决策权，并没有享有全部控制权，控制权和重大事项决定权仍掌握在理事会手中。这样就形成了控制权的分割。在不同的控制权约束下，高层管理人员便会谨慎行使权力，不会或较少做出不利于组织或者违背投资者利益的事情，他们的行为就得到了有效控制；也可以认为将这些事件发生的概率降至较低水平。理事会同时还拥有监督高层管理者、决策日常事务的运作和决定重大事项的权利等，高层在行动时都会受到理事会的监督，这就对高层形成一种有效约束。

对比发达国家，我国公益类科研机构建立理事会制度的一个重要障碍是原有资产转为捐助性资金和捐助性资金来源的多元化。如果没有社会捐助性资金的投入来组成由社会各利益集团代表参加的理事会制度，那么科研机构的理事会就发挥不了其应有的职能。因此，公益类科研机构目前尚未建立真正意义上理事会决策之下的内部管理制度，只能说是处于过渡阶段。不过可以借鉴发达国家的成熟经验，依照国办发〔2000〕78号文件的规定，逐步建立规范的内部治理结构。理事会决策制度的有效性是影响公益类科研机构运行效率的重要因素。因此，在理事会决策制度的实施过程中，应注意处理好以下几个关系：

其一，科研机构的自治性是否能得到改善。政府部门的行政干预程度直接决定了理事会决策作用能否得到充分体现。若科研机构自治性难以充分体现，那么理事会只能更多地充当议事和咨询的角色。

其二，理事会决策制与院（所）长负责制之间的关系如何协调。如何使理事会做到责任权利的统一；如何保证决策失误的可追溯性，避免理事会的决策失误由院（所）长去承担进而引发矛盾，影响效率。

其三，建立两个重要的控制关系。一是理事会与高层之间契约控制。对高层管理者的约束主要包括四个方面内容：选拔、职责界定、履职程序、工作成果评估。二是投资者或行业管理部门对理事会的契约控制。对理事会及其成员的约束也包括类似四个方面内容：成员选拔、职责界定、履职程序以及工作成果评估。这两个方面控制关系分化了公益类科研机构的控制权，将控制权分为三组更加细致的权利结构，即监督权和执行权、重大决策权和日常决策权、程序性决策权和非程序性决策权。

如果能对上述几方面做到清晰的规定，就有可能使理事会的工作效率有较大的提高。考虑到发达国家公益类科研机构理事会制度中意见难以统一、各种权力之间的博弈对组织效率的影响，公益类科研机构在建立理事会制度时可以考虑控制理事会成员和各委员会成员人数，减少决策决定的难度和时间，从而提高工作效率。

国办发〔2000〕78号文件中规定，非营利性科研机构获得发展资金的方式有：政府资助，国家对非营利性科研机构的正常运行、设备购置、基本建设等给予一定的资金支持；承担政府、企业、其他社会组织和个人的委托项目；社会捐赠；为社会提供有偿服务；其他合法收入。另外，政府和其他社会力量对非营利性科研机构拨入和捐赠的资产不得抽回。任何机构和个人不得以任何方式从非营利性科研机构获取投资回报。非营利性科研机构向社会提供有偿服务的收入按国家规定留给单位的部分，全部用于自身发展。因政府出资占比较高，非营利性科研机构科研工作主要体现社会公益性要求，因而其财务制度更强调透明性，政府对其财务的运行状况需要定时定期进行审查。这种模式可以促使机构对科研经费进行严格管理，有效加强资产、资金管理。对经费的用途更要做到透明有效，"把钱花在刀刃上"，切实推动科研项目的进展。

从经费投入来看，科研资金来源可以分为政府资助、社会捐赠和自营收入这三类。其中，委托项目、有偿服务和其他合法收入划归为组织自营收入。就陕西省公益性科研机构的发展现状而言，政府对公益类科研机构的投入力度并不强。机构的资金来源不能仅仅依靠政府补贴，需努力扩大资金来源，吸收社会资金。

虽然公益类科研机构并非营利性机构，但它们进行科研和创新活动也是能够收获经济利益和社会效益的，这就为其继续科研提供了良好的经济支持。因此，一方面，可以通过加强对科研的宣传，加深社会各阶层人士对公益性科学研究的了解，鼓励他们主动支持公益类科研机构的进步；另一方面，项目进行过程中，可以适当利用社会资金，拓宽资金吸收渠道，这样既解决了自身经济问题，也避免了社会资源的浪费。

从资金耗用角度来看，公益类科研机构的资产是社会共有财产，强调"公益"二字，因而此类机构的活动要最大限度地维护社会公众利益，还要最大限度地考虑科研项目的社会效益。在资源利用的过程中，应始终为实现社会效益最大化而进行资源的最优配置。公益类科研机构的资产属性便是社会化，无论其资金来源是谁、资金来源构成比例是多少，机构本身都不是资产的所有者，而只是使用者。一切资产、研究成果都属于社会整体，机构不能从中获取任何利益。公益类科研机构的资源使用必须为社会提供科研公共物品和准公共物品，否则就是违法行为。相关制度的制定就是为了保障资源的合理使用，保证科研资源不被挪用，保障科技资源的有效配置。

从利润分配角度来看，公益类科研机构的全部科研成果和盈余收入都应该继续投入科研事业，不能由管理层和领导层进行分配。因此，要建立公开透明的财务制度，建立健全与非营利组织相应的财务会计制度。从资金用途、项目支出比例、行政支出比例、盈余分配规则到资金流动审查、内部监管等形成一个完善的体系，确保机构账目公开透明，体现出公益性科研机构的社会性。

(3) 人事管理制度化

公益类科研机构的人事管理要体现激励、竞争、流动、开放的特点，良性竞争带来的结果是共同成长，正确鼓励竞争能营造一种开放高效、自由自主、创新探索的研究氛围。完善人事管理制度，有利于将人才资源进行最优化配置，使每位机构成员能够"在其位，谋其职"，发挥出最大的研究潜能，最大限度地调动机构科研人员的研发热情，体现"以人为本"的精神。为了人事管理制度化，保障人才和高效高质量的机构运行效率，就要在以下几个方面进行制度化管理：

第一,建立公平公正的聘用制度。聘用制度的完善与否会影响科研人员的质量,进而影响日常科研工作的进展。因此,要从制度方面进行优化,通过合同明确单位和个人的权利义务关系,进行双向的保障,明确工作内容,使科研人员与项目之间达到较高的匹配度。尤其是面对关键岗位和科研项目负责人的招聘,要以公开招聘的形式直接面向社会,保证透明度和公平性。根据科研项目设置人员岗位、人员数量,对科研人员和课题项目进行统筹安排,对不同等级专业技术职称的人员配比进行提前规划,对固定科研人员和流动雇用人员的数量进行灵活匹配。

第二,对在岗人员实行责任制管理方式。责任制管理要求在岗人员能够严格按照绩效考核要求的标准,完成自身科研任务。对在岗人员实行责任制管理,即采用固定岗位和流动人员相结合的形式,建立人员流动机制,将有限的人才资源充分利用起来,通过责任制分别考核高级岗位人员和低级岗位人员,依据考核成绩,无论低级岗位还是高级岗位,均应及时调整岗位配置,让优秀人才流动起来。考核标准的制定是一种内部竞争制度,当考核成绩不合格时,就解除合约或直接辞退。这样的制度约束,有利于在岗人员的充分竞争,保证科研机构内的人员素质,从而提高科研效率。

第三,实施有效的激励制度。激励制度是决定科研效率的重要因素。公益类科研机构的主要特点是公益性,因而面临着特殊的激励冲突,这种冲突体现在研究者的工作热情和报酬之间的矛盾,即如何在固定报酬的基础上保证研究者努力工作。一方面,法律、会计、审计、监督核查、职业道德以及行业准则等可以对研究人员形成一定的约束,将其行为规范在一定范围之内,基本的工作任务和组织规则是可以被完成和遵守的。但是资金提供方需要的是科研结果和持续不断的创新,如何保证研究人员持续的工作热情和不断的创新动力就是要解决的问题。另一方面,对于公益性科研机构来说,社会效益也是激励的一个表现形式。"声誉"激励和"利他主义"激励是社会效益的组成部分。声誉对于任何人、任何机构来说都是至关重要的,它是一种基于重复博弈的激励方式,是长期利益和短期利益的结合,以长期利益来激励科研人员短期的工作热情,促使研究者为长期利益持续地输出，更好地进行科学研究。如此，科研人员才有可能享受科研过程，将研究活动作为自己的兴趣出发，为研究工作付出努力。因此，可以把研究活动看作和消费活动相结合的生产活动。生产活动是创造价值，产生价值的过程；消费活动便是从研究中得到乐趣，获得参与感和体验感，使自身价值得到利用。另外，在这个过程中需要强调两个重点：①对于研究者来说，研究兴趣是第一位，但同时研究条件也是非常重要的。研究条件就相当于研究人员手里的兵器，是研究人员进行创新工作的前提，研究兴趣的培养也受到研究条件的影响，因此，研究条件的提供就是研究兴趣不断深化的激励因素。②研究兴趣即工作过程中的兴趣，也就是对研究对象的兴趣，这种对研究对象的兴趣和研究结果正反馈的结合可以产生进一步研究的兴趣。这两点对于科研人员来说分别体现的是自我内向激励和外部客观激励。自我激励是基础，是开展研究活动的初始条件；外部激励是深化，是深化研究活动的继续条件。因而，在对研究者进行筛选时，首要考虑的因素之一是研究者是否对将要从事的工作具有浓厚的兴趣，聘用具有浓厚兴趣的科研人员对于公益性科研机构来说是有利的选择。

第四，优化自主分配制度。工资制度体现分配制度，要在这一步充分体现公平公正。国家出台了事业单位相关的工资制度安排，优化分配制度要求在执行这一制度的基础上，将一部分工资进行自主分配，在某种程度上尽力去打破工资能升不能降的传统理念，使工资分配更具有灵活性，因而，建立三元结构的内部工资分配制度是有必要的。三元结构的分配制度是按岗定酬、业绩优先、任务量分配，分配原则是能者多劳、多劳多得、能级分配。需要注意的是，在三元结构的内部工资分配制度中，要考虑智力要素，由此，形成公平公正的自主分配制度。

第五，建立合理的福利保障制度。公益类科研机构制定的薪金报酬体系受其特性影响，员工的平均工资水平一般低于同级别政府部门或实业界相同工作的工资报酬。公益类科研机构可建立福利保障制度，制定相应的补偿政策，为科研人员提供符合市场价值的经济补偿。这样做的目的是激发科研人员工作的积极性，同时也有助于公益性科研机构能够持续不断地为社会做贡献。依据过去的经验，为科研人员提供福利津贴这一形式能够发挥极其重要的作用，是一种行之有效的激励方式。在成熟完善的福利制度激励下,科研机构的服务价值会提升,科研人员的服务效率也会随之提升。因此,可从以下几个方面为公益类科研机构设定补偿标准:保证内部公平竞争和分配合理;工资加福利的设计可具备同外部市场薪资相匹配的竞争力;将福利津贴与个人绩效相关联;等等。此外,公益类科研机构还可通过更加完善和全面的就业、医疗、退休、养老等各项社会保障制度,吸引更多优秀的研究人员和管理人员,以此提升机构的运行质量和运行效率,减轻社会负担。

(4) 评估体系管理

设立公益类科研机构的目的是进行社会化科学研究,其研究成果为社会公众服务,因而也需要对其研究成果进行合理评估。评估是一项严谨、公正的工作,在评估过程中,应该遵循公开公正的基本原则,严格按照科学规范标准进行;同时流程应该精简高效。把握住这些原则方向才能创造出有利于成果产出、人才培养和宽松自由的科研环境。评估体系的建立需要良好的制度约束,因而要完善评估制度,建立一套完整的评估体系。从科研要求到项目立项,再到实验过程、研究结果,都要进行细致的安排。制度体系的建立要为科研成果的形成,以及长期的绩效服务。要达到制度设立的目标还需要依据科学的评价标准和高效的成果验收方法,以充分发挥科技评价的导向作用与激励作用。

公益类科研机构可以借鉴国际上普遍使用的评价方式。国际上使用较多的"同行评议"方法是一种值得借鉴的方法。简单来说,这种方法就是评价专家首先阅读以定量数据为主的状态报告,对评价对象形成一个初步的了解;之后进行实地考察,深入现场了解情况;最后将所有考察结果进行汇总,集体讨论得出评价报告。同行评议专家的队伍组成一般采取同时聘请国内外专家的方式,专家组中的中外聘任专家比例根据被评估的研究机构性质和科研水平不同而有所区别,例如国际知名研究机构马普学会,其中外国专家比例最高达60%;又如莱德国布尼茨协会,外国专家比例达30%。类似采用"同行评议"方法的国际知名研究机构还有美国基础科学资助与研究机构NIH、NSF、弗朗霍夫协会等。

借鉴国际先进经验,我国公益类科研机构可以根据自身的需求,主动邀请国内外相关领域的专家，组成评估委员会，对机构科研成果和运行方式进行评价。需要注意的是，及时总结委员会工作经验，以应用于之后自身的评价体系中。评估工作第一步是由机构将事业计划、研发项目的执行情况、研究成果及其应用状况等提交给评估委员会。这些内容是机构内部年度报告的基础部分，除前文所述外，一般还需要提交机构运行过程中的设施更新状况、经费收支情况、与高校和业界的合作情况、国际学术交流进程以及专业人才培养情况。针对一些评估委员会特别关注的内容如重大研发课题的进展、技术转让的收益、结余资金的数额以及社会效益等，机构提交报告时需要附上详细的说明。第二步是评估委员会对报告进行审查。一般审查的侧重点在于科技、经济、社会效益三个方面，主要考量报告内容中科研成果的技术贡献、未来能够带来的经济效益以及应用于生产之后所能创造的社会效益。另外，针对某些项目研发周期超过一定年限（如五年）的特殊情况，评估委员会还应该在期间安排一次或多次中间评估，及时跟进项目的发展进程，及时发现问题并纠正错误；对于特大型研发项目，尤其是预计会产生极大社会效益的重点研发项目，还应在结题后一定时间内安排跟踪评估，保证评估结果的时效性，必要时修正评估结论。

此外，由于不同的科研活动具有不同的项目要求和科研目标，因此评估的侧重点也应该不同。例如，公益性科研活动创新能力的评估重点应放在满足公众需求和产生的社会效益上，基础研究和前沿科学探索的评估重点应放在科学意义和学术价值上。

本章小结

本章基于前文关于陕西省自主创新政策制定以及实施效果的分析与结论，提出关于陕西省构建自主创新政策体系的原则、依据、内容与实现方式的具体观点，全面系统地对体系的构建进行了描述。按照符合社会主义市场经济体制要求，以及抓重点、可操作的原则，本章从国家政策、陕西省政策、陕西省现状出发，提出推进科技投入、强化税收激励、促进金融支持、明晰政府采购、深化引进消化吸收再创新的政策建议，并指出通过原始创新模式、集成创新模式、引进消化吸收再创新模式、官产学研模式、开放式全面自主创新模式等实现企业自主创新。本章对陕西省自主创新政策体系的讨论，充分将陕西省的地域特点和现阶段发展形势考虑其中，这为下文提出自主创新实现的保障措施奠定了理论基础。

7 陕西省保障企业自主创新的措施

如今的经济形势是以市场经济为主导,政府的角色逐渐转变为指导者和监督者。就政府而言,政府是进行宏观调控的主体,更应该将工作重心放在提供宏观指导上,通过提供更加完善的法律和规章制度为企业提供创新发展的良好社会环境和外部条件,同时通过经济政策为创新企业解决资金问题。就企业而言,企业是技术创新的中坚力量,作为创新技术的主体,应将工作重心放在提升自身创新力和提升发展力上;企业也应该作为研发主体,大力进行投资,成为经济资源的创造者。从前文具体分析可以看出,本书构建出的陕西省企业自主创新支持体系尚有不完善的地方,因此要进行进一步优化,才能切实提高企业自主创新能力。本章拟从企业和政府两个角度分别对陕西省企业自主创新提出相应的保障措施。

7.1 基于企业角度的保障措施

在当前市场经济的运行环境中,最核心的元素和主体是企业。它们直面市场需求和行业竞争,需要科技创新来支持其发展,而要想提升整体的科技创新能力,就要使整体中的企业个体都能够提升自主创新能力。要在市场中拥有一席之地,具有较强的行业竞争力,企业必须具有自主创新的内在强大动力。同时,企业为了获取利润,势必会在科技创新可行性和经济性之间做出权衡。只有企业进行自主创新,成为新科学技术的载体和主要创造者,创新科技成果才有可能转化为实际的生产力、技术和产品。

7.1.1 坚定自主创新决心,选择适当创新模式

企业是技术创新的主体,它们自身的努力是实现创新和提高创新能力的基础。企业除了主动积极开发创新所需的元素,还需要选择合适的创新战略模式,从根本上提高企业自身的创新能力。

第一,企业必须培养自主创新的决心和意识。所有企业在发展历程中都不免碰到是应该自己创新还是应该跟随发展,抑或是是否顺应时势抓住机遇发展的问题。选择跟随发展或是顺势发展或许可以免受独立创新带来的困难和风险,并取得较好的当下利益,但选择这两种发展方式的弊端是这些企业仅可以在其他企业后面亦步亦趋,再难有较大的余地去发展;从长远来看,这些选择跟随发展和顺势发展的企业势必会在激烈的竞争市场中落伍和被淘汰。如果企业决心独立创新,也许这条路从最初就荆棘密布,但是沿着这条路,向更高的目标前进才有可能达到巅峰,寻得最大的财富和宝藏。毕竟在技术和经济快速发展的时代浪潮中,一点疏忽就可能会导致落败,继而被时代吞没。陕西省企业自主创新受到制约的最根本原因是创新意识不足,思想解放程度不够。长期以来,很大一部分的企业安于现状,过多关注眼前的短期利益,鲜少培养创新发展的意识,不具备长期发展的眼光。陕西省企业要想取得更大的成就和更快的发展,就不能安于现状,对着自主创新的企业望洋兴叹,而是要学习三星集团"一切皆可变"的创新理念,以及树立"不创新,即淘汰"的危机意识。这两者都是支撑企业自主创新的精神动力,有了这两种精神动力,物质条件的支持才能发挥作用。

第二,持续加强对企业制度的创新。企业经济增长的一个决定性因素就是企业制度的安排和创新,这一观点已经得到许多学者的论证。例如,新制度经济学派就有兰斯·戴维斯和道格拉斯·诺思这两个代表性人物,在他们的著作《制度变革和美国经济增比》中写道,"体制创新"是指现有制度的改变,这一改变使

创新者能够获得额外的利益（潜藏利益），从而建立一种新的组织或管理形式。他们的观点被实践屡屡验证，如股份制公司的建立、工会制度的出现、国营企业制度的产生等。道格拉斯·诺思在《西方世界的兴起》一书中开篇就提出了他的思想：西方世界兴盛起来的关键在于一个高效的经济组织在西欧的发展，即高速的经济发展取决于高效的经济组织。在中国，东部地区发展优于西部地区的一个不可否认的因素就是我国自1979年就实行的自东向西逐步发展的战略。而家庭联产承包责任制这一制度的创新为中国农村区域经济飞速发展做出了巨大贡献。可见，无论是国内还是国外，经济发展的跃迁离不开制度创新的巨大作用。

7.1.2 以科技人才为本，加强企业创新能力

在当今的时代背景下，世界各地的竞争越来越注重经济实力，而经济的竞争在很大程度上表现为科技力量的竞争。无论是经济发展道路的转变，还是科技力量的提升，都需要创新型企业的参与与支持。培育创新型企业，就必须加速强化企业创新能力，也就是加速科技成果转化的能力。加速科技成果转化包括两个层次的含义：一是增加先进技术成果的转化数量，二是在保证转化质量下的转化速度。企业对创新成果的转化数量和转化速度离不开企业科技人才这一现实基础。它们不仅仅是科技创新的主体，也是技术成果主要研发者和推动者。加强企业创新实力，加速科技成果优质转化，要在注重技术创新的同时注重它与管理创新的结合，实施管理模式创新、商业运营模式创新、生产商品创新和组织结构创新，向着更优更好的方向发展。这就要首先考虑构建一流水平和质量的、具备抓住创新机会能力的、能够合理选择创新路线的、能组织安排科技研发创新的企业研发中心，如企业研究院；然后将这些研发机构作为企业创新源泉，形成核心竞争力，为企业大幅度增强深化创新能力。

随着世界经济一体化进程的加快和知识经济时代的快速发展，人才队伍作为知识和技术的创造者和载体，日益成为企业发展的关键，因此人力资源开发必须与企业的发展战略相适应，企业管理者从企业发展战略的角度来考虑和实践人力资源开发的问题变得越来越迫切。陕西省企业要改变固化的思维观念、加大人力

资源开发力度，不单单要"引人才"，更为重要的是留住人才、"用人才"，主动挖掘企业内外的人才资源潜力。解决好人才这一问题，企业才能更快地实现自主创新目标。

一方面，建立真正以人才为本的管理观念。一是要坚持以人才为本的管理理念，培养和提高人力资源管理员工的战略目光，构建一个尊重职工、尊重人才的工作环境和能够激发人才信心、人才创造力、培养优秀创新人才的管理体系。二是要有更加开放的思想，更新的理念去引进人才。因为陕西省很大一部分中小企业都是家族企业，所以在人力资源管理和人才引用上要摒弃家族主义，丢掉"任人唯亲"的传统思想，以才能为主要标准，重要岗位特别是重要技术岗位留给优秀的人才，这样才能对包含众多家族企业在内的中小型企业的发展有利。三是企业在挖掘人才资源时不仅要引进企业外部人才、拓宽人才引进通道，还要注重挖掘企业内部有潜力的人才，在引进人才时也不单单引入学历高、掌握高新技术的人才，对于技术熟练的技术工人也一样可以引进，建立起尊重人才、激励人才、造就人才和保障人才的良好工作氛围，采取才能、职责、薪酬相匹配的原则，让有才能、有技术和爱创新的人才位于合适的重要岗位。同时，根据研发创造，成果转化的数量和质量给予报酬，提高薪酬待遇，吸引越来越多的创新人才积极主动地参与到企业的自主创新里，为他们提供一个展露才能、学习发展的空间。

另一方面，注重人才素质的培养和教育，在提高人才自身素质的基础上使人才整体素质得以提高。技术创造财富，人才是技术的载体，而教育可以出人才。教育和对人才的培训可以极大地促进经济的发展，它的积极作用也早已被西方国家的发展实践所印证。德国就有研究表明，职工的技术等级每提升一级，国民生产总值就可以提升10%。要使人才整体素质提升一个档次、跟上时代发展浪潮、满足企业发展和创新的需求，最基本的是开展教育以及职业培训，将加强劳动培训提升至企业发展的战略水平，持续改善总体职工素质。

7.1.3 增强知识产权意识，提高知识产权能力

知识产权是自然人、公民和法人对其利用自身知识和智慧创造出来的智力成

果所享有的重要民事权利。知识产权这一重要民事权利是国家法律体系的重要组成部分，它的发展不仅影响法律体制建设，也深深影响社会经济的发展。作为智力成果的主要创造者，企业既是知识产权创造的主力军，也是推动知识产权事业前进的中坚力量。企业要想拥有立业之本、发展之根，就必须要诚信守法、维护自身信誉、创造和维护知识产权，这些不仅有利于企业自身发展，而且可以营造良好的市场经济氛围使之平稳有序运行。企业在维护自身信誉和知识产权的同时也要约束自己，做到依法经营，未经他人允许，不得擅自使用他人的知识产权，包括商标、专利等。除此之外，企业不得利用非法手段恶意篡改、侵犯和抄袭他人的知识产权；对假冒伪劣产品要做到从制造到销售的全程抵制，不剽窃和抄袭他人商标、外观设计和专利成果。要从公司发展战略的高度去看待诚信建设问题，在公司经营管理全流程中都秉持守法经营、诚实守信的观念。企业除了要自我监督、自我约束，还要自觉接受同行企业、广大消费者以及政府机构的监督，兼顾社会公德和商业道德。

企业拥有知识产权是自主创新能力的重要特征之一。企业自主创新能力的提升必须要依赖于企业自身对员工知识产权意识和能力的培养。企业要支持职工积极创新、发明创造，及时地对已开发的技术做分析，对新开发的产品做研究，鼓励申请专利，提高产权保护意识，进而提升企业自身的核心技术和知识产权能力。

首先，要加强知识产权获取能力。在新产品、新技术研发阶段，适当增加合适比例的专项经费，激发职工发明创造的积极性，将新创造的技术的数量，专利和核心技术转化的质量，以及由于采用新技术、新产品创造的额外经济效益作为考核奖励指标，使企业增加创新成果的产出，加速知识成果的转化，加强企业知识产权的获取能力。其次，要注意对自我知识产权的保护。企业需加强自身知识产权保护的意识和能力，对已有知识产权和新开发知识产权建立保护措施和制度规范，采用多种手段保护专利权、非专利技术、商标权、著作权等无形资产，如让有可能涉及商业机密的职工签署保密协议等。另外，企业要建立相关的法务部门，密切关注行业动态，做好核心技术专利保护预案，在面对知识产权纠纷时做到有备无患。

7.1.4 重视高等院校及科研机构的基础创新作用

时代的发展、企业竞争的加剧、新技术的不断涌现和新产品的层出不穷,给企业开展自主创新增加了巨大的难度,企业单独进行开发创新已然越来越难,因此,企业与高等院校和科研院所等相关科研机构合作互动就愈加受到重视和关注。企业实际生产和经营经验,加上高校和科研所数量巨大的科技人才及其研发能力,势必会提高企业的创新能力。企业与高校等科研机构的合作会显著促进科技创新活动频率的加快、成果转化周期的缩短,以及自主创新技术层次的提高。克鲁格曼曾以"道尔顿的地毯"为例,证明地毯区域性的聚集生产和创新,正是得益于地方高校对地毯技术的研究。

世界著名的公司如苹果、谷歌、Facebook、甲骨文、英特尔和微软等都坐落于美国的硅谷,这一地区的发展离不开区域内众多高校和科技人才的作用,如位于硅谷附近的斯坦福大学、旧金山大学、加州大学旧金山分校和西北理工大学等世界一流学府,以及在硅谷工作近1/4的诺贝尔得主和6000名博士。高校具有企业很难拥有的人才资源和技术储量优势,企业从与高等院校的交流合作中可以得到最新的技术成果和高素质创新人才,以应对迅速变化的商业技术环境。除此以外,更为重要的是,高校、科研人员和风险投资者可以直接创办企业。有统计数据显示,仅斯坦福大学的衍生企业就为硅谷贡献了目前一半的销售收入。

英国剑桥工业园区被称为"欧洲的硅谷",与美国硅谷类似,剑桥工业园区高科技公司70%的职工都出自剑桥大学,而剑桥大学与超过半数的高科技公司保持沟通交流。剑桥大学注重科技成果的转化,而剑桥工业园区的高科技公司正好可以给剑桥大学提供科技成果转化的实践基地,这就使剑桥大学得以完成科研成果的商业化以及产学研的结合。

研究院所和高校等科研机构的科技人员储备和研发力量,可以帮助企业加速研发成果转化,形成技术产权,给企业创造经济效益,提升行业竞争力。我国经济高速发展和经济增长方式转变的难点,在于技术创新能力的不足。自20世纪

80年代以来，科技进步给我国GDP的贡献程度仅有30%左右，这远不及发达国家科技进步带给GDP的70%贡献，甚至低于发展中国家35%的平均水平。增强技术创新能力，不仅对企业自身有利，对国家经济发展一样颇有益处。从更现实的角度来看，企业加强自主创新，是为了在竞争中谋生存、求发展，这就需要企业能够为行业提供脱颖而出的新技术、新产品；与此同时，高校和科研所等科研机构希望创新成果可以尽量快、尽量多的转化，产生经济效益，进而推动科学研究的良性循环，为社会创造更多利益。但现实情况是，数量庞大的企业无法获得急需的科技成果，高等院校等科研机构积累的科技成果也得不到实践应用，无法转化为创造经济效益的生产力。因此，双方的合作是相得益彰、互补共赢的。无论是对自身发展，还是对社会发展都极为有利。

综上所述，政府部门需要发挥积极作用，去引导和支持企业和高校科研机构的合作，从产业群视角看待区域企业创新能力和优势，尽快构建区域创新网络，并以政府部门、企业、高校和科研机构为网络节点，推进官产学研的结合。

政府可以通过三个方面的措施来提高科技型企业的技术开发和创新能力：一是以政府、金融机构和科研机构为主力，推动企业、高等院校和相关科研机构创建技术开发和合作交流机构，形成科技型企业科技开发、科技成果共享机制，促进产学研结合。二是支持和促成企业之间，尤其是较大企业之间的合作。例如，可以由国家和大型企业合作、由政府出资或者共同出资建立企业研发中心，以较低的租金租赁房屋给企业作为研究场所，为企业提供创新开发的良好环境和条件。三是号召地方政府创建企业孵化器或者建立产业园区，培育科技型企业，为它们提供基础服务，待这些企业有了一定积累后再离开孵化器，寻求自我发展。

7.1.5 重视企业文化，培育企业内部创新氛围

企业文化的核心组成部分是价值观，它是企业员工所共同认可并且遵循的一套观念意识，是企业在长期发展、经营、生产中形成的一套有关管理理念、管理方法、群体意识的思考方式和行为模式的总称。它不只是体现于书面的规章制度中，更是能够引导企业职工行为的高级准则；它能够增强员工的归属感，使员工

明确自身位置,起到规范职工行为和激发员工工作积极性的作用。企业文化是一柄"双刃剑",企业文化和企业行动相匹配将会产生正向导向、激励、认同和传播等方面的社会作用。但是如果企业文化和企业活动两者关系处理不当,不仅不会产生正向作用,反而会对企业自主创新产生极大的阻碍作用。所以,必须协调处理企业文化和企业行动之间的关系。企业价值观和企业精神是企业文化的核心,这两者可以为企业、为员工提供创新的巨大精神动力。价值观为员工行为提供精神支撑,同时积极进取的企业精神可以激发员工的活力。企业员工一旦认同企业树立的追求创新、自主创新等的企业精神,他们就会自觉地凝聚起来,从而营造出乐于创新、敢于创新的企业氛围。

企业文化要正向引导和鼓励企业员工的创新行为才能满足自主创新对企业文化的要求。企业管理者要重视企业文化在技术创新方面的作用,当创新行为与现存的企业文化相悖时,要引起足够的重视,充分了解企业文化对企业创新行为的积极和消极影响;预先设定好备案,有意识地采取措施,调节冲突矛盾,避免这种矛盾加剧成为阻碍企业自主创新的现实因素。

7.1.6 建立健全企业激励机制

企业激励机制可以激发员工的内在潜能,引导员工的行为,支持员工的创新行为,调动员工的创造性和主动性,从而更好地实现现代企业的发展目标。它是现代企业管理的重要手段之一。

第一,要了解员工的需求。人的需求分为生理、安全、归属、自尊和自我实现五种需求。这五种需求从低到高依次排列,最高层次的需求是自我实现。人类低层次的需求得到基本满足以后就会去追求更高一级层次的需求。在企业里,每个职工由于其年龄、学历、岗位、性别以及性格等的不同,其需求肯定也不尽相同,这时候就需要企业管理者依照其不同的特点采用不一样的激励方法,有的放矢地调动员工的主动性和创造性。

第二,要创建与本企业相适应、科学有效的激励机制。激励方法一般包括物质奖励、参与感、荣誉感、目标激励等手段。企业选择激励手段时应该结合本企业和企业员工的特点，同时兼顾中华民族的优秀文化，构建符合国情以及企业实际情况的有效激励机制。通过这些奖励机制，员工可以获得职业技术或能力的提升、发展晋升的机遇、同事和领导的认可、物质或精神层面的奖励等正当权益。

第三，把激励机制与责任体系结合起来。企业不能一味地偏重激励机制，而忽视责任意识，也不能只注重责任制度，而偏废奖励机制。让员工在履行自身职责的前提下通过优异表现获得奖励，这对建设横向岗位责任体系有推进作用，也有利于提高各项工作管理的效率。因此，在构建合理的评价指标体系、实现过程精细量化考量的同时，建立物质激励和精神激励机制，突出人性化理念，可提升企业责任体系与激励机制的可行性和有效性。

7.2 基于政府角度的保障措施

企业的技术创新本质是一种资源利用方式的改变，因此，合理的生产要素资源价格对企业技术创新的方向有重要的指引作用。政府需要发挥市场经济的优势，以市场供求为价格基础形成生产要素的价格，才能够充分发挥生产要素资源价格的指引作用。而要让供需关系和生产要素的稀缺情况能够直观地反映在市场价格上，就需要政府通过创新制度来设立和健全生产资源的市场体系。企业自身虽是自主创新的主体，但是企业状况不尽相同，许多企业可能存在人力、物力等诸多方面的限制，这就需要政府为企业奠定基础，引导创新，从政策支持、规划布局、平台搭建等多方面发挥作用，为企业自主创新的发展提供所必需的"水分、土壤和气温"。自主创新除了企业自身的内部努力，政府创造的外部环境也对企业自主创新起到至关重要的推动和促进作用。因此，陕西省政府要发挥政府的引导作用，为企业自主创新提供便利，在多个方面提供帮助，支持企业自主创新。

7.2.1 加强创新宏观指导

政府身为制度改革的主要力量，要想推进企业自主创新，应该纾解来自政治、经济和科技体制等对企业创新的束缚，以体制改革为手段，营造更好的企业技术创新外部环境。

首先，深化政治体制改革，转变政府职能，从政策方面支持企业自主创新，改善企业创新政策环境。例如：听取企业诉求，制定相关的激励政策来调动企业与高校、专业科研机构和龙头企业合作的积极性；尽量减少企业投资的行政审批环节，简化步骤，提高政府业务效率，吸引外部投资，推动企业发展；制定人才引进政策和人才奖励政策，激励、鼓励科技创新人才投身于企业自主创新事业中；在政府采购、财政、税收和金融政策等方面为企业自主创新开便利之门，给予企业政策优惠，推动企业自主创新。

其次，要加大对外开放力度，加深经济体制改革深度，维护市场秩序，破除地区偏见和行业垄断，降低一些中小企业的市场准入门槛，让市场更加公正、透明。鼓励企业互帮互助，鼓励创新冒险，营造允许失败、宽容失败的市场氛围。

最后，要深化科技体制改革。一方面，高校和科研院所的科研课题应面向实践应用，积极与企业合作交流，向企业输出技术。另一方面，政府通过改良体制，完善法律法规，从制度方面保护知识产权。有关部门需认真学习了解，贯彻施行《中华人民共和国中小企业促进法》，并进行合作联动，相互配合打击损害企业知识产权的行为，实现主体企业合法权益的充分保障，推动陕西省企业自主创新事业的平稳发展。总之，通过科技体制的进一步完善，为企业创造适合企业自主创新的技术基础和政策体制环境，并营造良好的舆论氛围，由此可促进创新要素的合理、高效利用。

7.2.2 完善创新激励政策

1997年诺贝尔经济学奖获得者——美国经济学家奥多·W.舒尔茨提出，一个人的前途是由人的素质、技能和水平决定的，而不是土地和自然资源，因此，在进行人力资本投资时，应偏重前者。由此看来，企业的发展也并不单单取决于企业所拥有的空间、土地和自然资源，更为重要的是拥有高超技术、良好素质的人才。人才是企业发展壮大的关键所在。企业要想拥有且留住一定数量的人才，同时确保他们的能力、才智和创造性能够主动地发挥出来，就需要采取适当的激励措施。完善的激励机制是最大限度发挥有限人才资源作用，激发他们归属感、积极性和创造力的必要手段，因此，企业只有不断完善自身的激励机制，建立与企业相匹配的激励体系，才能调动人才的积极主动性。

每个企业员工都是一个单独的个体，但企业是一个集体，集体中的每个个体为集体贡献的意愿总和，对集体组织运转效率起到决定性作用。这种决定性作用或直接或间接。随着企业发展，规模发展越大劳动分工越细。这也就使员工个人目标和企业集体目标的联系越发割裂，员工个体的贡献相对于整个集体来说不明显，这也会导致员工主动做贡献的意愿减弱。为了使员工参与协助企业发展的意愿增强，企业就需要一套完善的激励机制来激励职工持续保持甚至是增强为企业贡献的意愿。阿尔钦和德姆塞茨认为，生产要素的所有者合作使生产效率变高是经济组织出现和发展的主要原因，但是，更高生产率的前提条件是生产者的酬劳必须与付出挂钩，完善的激励机制就是保证酬劳与付出挂钩的载体。企业要根据自身现有条件，结合实际法律、国情情况，将多种激励手段综合起来，合理设计激励机制，建立真正满足企业和员工双方需求的激励体系，以此为企业在激烈的市场竞争中提供坚强有力的人才保障和智力支持。

一直以来，陕西省都有高级创新人才大量流失的情况存在，这与"科教兴国"想达到的效果是相背离的，对于企业、社会和国家而言都是巨大的损失。这种情况的出现与激励机制的不完善不无关系。所以，政府有关部门可以从激励政策和激励体制入手，制定一系列如高薪、高发展前景等激励政策来留住人才、吸引人才。详细来说，陕西省强化对技术创新人才的激励可从下面几个方面着手：

第一，企业股份激励机制。发挥人才作用的第一步必然是吸引人才，企业可将股票期权作为激励手段，吸引高端、关键人才成为企业的拥有者之一，使技术创新人才有归属感，并给予他们更多的创新自由度，更充分地调动他们的创新积极性。同时拥有技术人才和企业家两种身份，可使引入的高端技术创新人才产生"风险共担，收益共享"的思想，有利于人才生成技术创新的内在动力，进而推动企业发展。因此，企业股份激励制定是非常行之有效的激励制度。

第二，设立技术创新奖励基金。政府可以通过设立奖励基金激励敢于探索创新、取得创新成果的企业家。适当地简化评选环节和提高奖励，以公开、公正、透明的程序，以及科学、合理的标准奖励这些企业家，可促进企业创新。

第三，技术成果入股和提成。技术成果入股，即以专利等技术作为股本对价投入。技术成果提成则是根据企业技术成果产生的经济效益的大小，将其中的一部分奖励给技术创新员工，使创新人员做出的实际贡献与现实经济利益挂钩。

第四，职务提升激励机制。职务提升激励机制指双轨道或多梯度职务提升机制。创新人才可以分为不同类别，对于不同类别的创新人才要采取不同的激励机制。对于研发人才、技术型人才来说，他们更看重知识的获取，更热衷于知识的应用，因此针对此类型的创新人才的激励措施，可以是出资让他们参与学术会、国外进修或外出培训等。而对于负责项目协调、领导的人才来说，他们的需求则是职务的晋升。研发人员和技术人员可以组成双轨制中的技术轨道，行政管理人员则位于双轨制中的管理轨道。职工根据自身岗位不同、技能不同而沿着不同的轨道晋升，双轨的酬劳、影响和地位等方面不分高低。

7.2.3 促进企业知识产权意识

许多人将知识产权与创意、创新技术联系在一起，这是概念模糊的表现。知识产权是指对自己脑力劳动所创造的智力成果，人们依法享有的基本权利。以往，知识产权主要是指商标权、专利权和著作权等，但随着时代发展，人们不断创造出新型的智力成果，也就使越来越多新的知识产权保护课题出现。知识产权保护是否到位是判断组织、政府和区域的法律体系是否完善以及投资外部环境好坏的重要标准。

伴随经济全球化的迅速发展，对外贸易在中国经济发展中发挥着越来越重要的作用，俨然成为中国经济增长的强大驱动力之一。随着对外贸易的不断发展，知识和创新技术在国际贸易中的比重不断提高，这些服务和商品中知识产权的内容也在不断增加。注重知识产权保护，是多年来我国能够不断地引进大量外部资金和创新技术投资的现实基础。我国实行知识产权保护，建立知识产权制度，给外资和技术投入带来了有效的保障，这才使国际贸易能够平稳有效地开展。

由于技术产业是以知识产权为基础的经济形态，因此，强大的知识产权保护体系将有利于对产业技术创新的保护，且能成为创新技术项目拥有者权益的坚实保障壁垒。能否克服西方发达国家对我国的知识产权封锁是我国科技产业能否强盛起来的关键所在，中国的科技行业需要团结起来，迅速了解对手的战略和找到应对之策。中国政府不仅要保护知识产权，积极维护区域创新技术的安全，还要注重提高产业竞争力，积极改变和探索，并防范本地企业陷入对手知识产权陷阱。要做到高度重视，防患于未然。

首先，充分发挥大部分重要高科技产业中国家控股优势，利用有利条件，结合政府影响力，加强各技术产业中介组织与政府机构、技术企业之间的密切联系，强强联合，创建和发展高水平、大体量的产业创新技术战略联盟，并注重策略在知识产权竞争中的重要性。

其次，坚持以自主研发为重点，辅以关键制约技术的引进，来打破技术发展的制约。引进不是目的，用好技术才是关键，要加速吸收消化引进技术，加大研发的投入力度，以此来改变引进技术越多、创新能力越弱的乱象。

最后，把握住新技术跳跃性发展产生的有利局面。与对手竞争时，不在成熟的技术上过多投入，而是将目光主要放在全新的技术领域，在全新的技术领域加大研发投入力度，抢先对手一步，以求突破发达国家的"科技封锁"。另外，在注重科技进攻突破的同时，要高度重视对我国知识产权的防御，推进企业对全部科技专利的申请保护，构建起坚固的知识产权防御体系。

7.2.4 鼓励民营科技企业技术创新

民营科技企业在经济社会发展中的作用日益显现，民营企业健康并且富有创新活力的发展，需要政府有关方面的扶持和帮助。

第一，推进资本市场制度创新进程，构建利于民营企业自主创新的金融环境。要让企业在成长发展过程的每一个环节都有不同的金融产品相配置，在分散投资者的风险同时，又为创新和发展提供充足的资金。详细来说，一是将多层次的融资渠道提供给中小民营企业，逐渐建立起风险投资体系。二是积极引导大型银行分设专门部门，或引导民间闲散资金和海外机构资金创建中小商业银行，为中小民营企业提供融资和资产管理服务。三是为促进中小民营企业创新，加速建立和健全专门的担保部门和机构。

第二，设立和健全行之有效的激励措施。有效利用政府的有限资金，适度调集用于中小民营企业的专项自主创新基金，增强资本对科技进步的推动作用，使那些亟须渡过难关、处于关键跃升阶段的企业得到资金支持，加速创新进程，提高其市场地位。科技计划要针对民营企业设计，使其真正成为技术开发、技术创新、科技投入和科技成果转化的主体。科技规划要注重独立的第三方评估，特别是对科研机构和项目管理人进行有效评估。税收方面，对于普遍适用的企业创新税收减免激励政策，在推行落实的基础上，要设立针对民营企业自主创新活动的专项税收政策，让民营企业自发性地进行技术创新。例如，制定专门适用于中小民营企业与大企业相互合作、研发的减免税政策等。

第三，培育服务于企业自主创新的技术中介组织。加大对民营科技企业技术创新的鼓励，同时设立和完善为民营企业提供技术升级创新、创新智力成果应用转化和企业机构合作咨询等方面的中介服务组织。技术服务组织可以提供从人才培训、项目评估、市场调查、校企合作等创新前期准备工作到技术诊断、项目投资等技术创新过程乃至创新成果转化、投入市场等后期工作的全程服务。它们能够连接企业和市场，整合各方面资源用于企业自主创新，为民营企业自主创新提供多种便利。同时，建立健全民营企业自主创新技术和项目交易市场，通过公开渠道发布最新市场信息，可以为民营企业自主创新创造良好的市场环境。

第四，不断深化人事制度改革，扩充民营企业创新人才队伍。人才是企业进行自主技术创新的中坚力量，政府人事部门要重视引进人才，制定和完善民营企业创新人才引进方案，引导民营企业树立以人才为本的用人观念，帮助企业引进有创新精神和创新能力的人才，引导企业更好地利用人才，发挥人才的创新能力，营造一个平等竞争、宽松和谐的创新环境。

第五，加大知识产权保护力度，培育和促进民营企业自立品牌。政府需努力实施科技兴市战略，鼓励民营企业成为技术创新的主体；完善相关法律体系，在社会上形成"以点带面、点面结合、阶段推进"的民营自立品牌培育体系；通过完善和改进政策环境，对创新智力成果进行保护，支持和引导民营企业将知识产权利用起来，加速创新成果转化生产；建立侵犯知识产权举报制度，重点打击侵犯商标、专利等知识产权犯罪行为。民营企业要力求生产高附加值产品，拥有自主品牌，打造自有知名度，沿着自主创新研发的品牌运营道路发展。

第六，引导民营企业从"企业数量集聚"模式向"产业关联集群"模式转变，关注产业集群在提高自主创新能力中的重要作用。政府要积极引导企业向高层次产业集群发展，加快技术服务平台建设，打造具有技术创新能力和国际竞争优势的高端产业集群。

7.2.5　强化科技企业主体地位

关于科技创新企业的主体地位问题，有关政府部门也曾多次提及。目前存在的比较明显的问题是，学习、创新、研发和生产等环节联系不紧密，它们之间的体系链条不完整，无法真正有效地在民营企业科技创新过程中实践。企业效益的多少首先取决于其在科技创新领域的地位高低，若创新成果可以尽快加以利用，投入生产，产生实际效益，就使企业自主性地进行科技投入，成为科技投入的主体。而企业成为科技投入的主体之后，科技创新良性发展的态势便应运而生。

科技型企业在创新过程中，外部环境的支持对企业创新实践发展的影响巨大，而外部支持环境中尤为重要的是政府支持体系。在原来实行的计划经济政策中，由于政府统一调配各种创新资源要素，创新体系各要素配置功能日益减弱，乃至对企业自主创新的积极性存在抑制作用，这也使创新型企业在项目申请、项目鉴定和市场准入等方面遇到障碍。因此，建立和完善政府对企业自主创新的支持体系、鼓励和引导企业自主创新是十分必要的。

一是设立企业自主创新基本法。企业自主创新基本法是当企业在自主技术创新中遇到障碍时,能够找到与所遇困难相对应的法律法规和政策等,从而保障企业自主创新行为有法可依。这一基本法是专门为了解决科技型企业遇到的技术创新问题而设立的基本性法规,主要内容包括基本概念的阐述、操作过程的流程,以及重要法律关系的规范。

二是设立企业自主创新专项法。企业自主创新专项法是基本法的延伸,是对基本法的详细解释,它对自主创新的企业、研发经费投入、政府对企业自主创新的激励支持、对自主创新智力成果的保护等领域作出具体而详尽的法律解释。它遵从基本法的指导,涉及创业支持、资金激励、成果转化、技术创新等方面,既符合市场经济规律又适应科技发展的系列专项法律。

三是其他相关政策支持企业自主创新。政府需要提供相关的多种政策去促进企业完成自主创新这一复杂又多变的过程,使之快速和顺畅地完成创新活动。政府可采取的具体措施主要包括:

首先,制定专项财政税收计划,激励企业自主创新。政府制定科技型企业自主创新的专项财税优惠政策来减少相应税收,既直接激励企业进行自主创新,又可以发挥政府政策的导向作用,引导更多闲散资金投向需要扶持的企业进行自主创新,给企业自主创新项目前期的可行性研究、科研活动和商业化注入血液。

其次,协调政府各部门工作,调整政府采购方向和重点。增强政策指导性,统一协调经济、财政、金融、工商等部门的有关工作,建立多部门联合工作的体系。把支持本国企业技术创新作为目的,优先采购合格的国内技术和产品。

最后,根据企业不同规模、所处的不同发展阶段,找到与之相适应的政策组合下的金融工具。位于发展初期的企业风险大、投入高、回报周期长,且一般都要经过营业利润为负的期间,大多风投机构不愿意将钱冒险投入这些企业里。天使投资在这个阶段里则可以发挥巨大的作用,在这个阶段里,中小企业可以申请初创期的风险资本基金。

7.2.6 完善企业科技成果转化机制

当前多数的民营企业把科技创新活动、科技成果转化作为提高公司能力资质、增加公司业绩的标志，从而选择开展科技创新。亦有企业单纯以获奖为目的，从事相关创新活动。无论动机为何，科技创新较高的失败风险和较大的投入都严重制约了科技成果的转化过程。因此，企业要将科技成果尽可能多地投入生产、创造效益：一方面要做好科技成果的申请立项工作，企业可以结合工程的性质、技术，以及科技成果的应用是否有广泛的市场，来决定是否对科技成果进行立项；另一方面要考虑科技成果的运用，应在立项研发阶段做好相关制度的建立和规则说明工作，并尽量考虑到各方面风险，使科技成果能够稳定地转化到生产中去。

7.2.7 发挥科技中介服务机构作用

科技中介服务机构，顾名思义，是为科技创新提供中介服务的机构，它起到连结知识和技术供需双方的桥梁作用，给知识和技术供需双方提供资金、保障、交流场所和信息等中介服务。

高新技术与知识的供需双方所处地区、文化背景和所处圈层等的不同，使双方的信息沟通不畅，在这种情况下，科技服务中介向双方提供信息的中介作用就格外突出。科技服务中介中的职业经纪人和中介机构既需要懂管理又需要了解科技知识和技术，同时还需对相关法律法规极为熟悉。这些复合型的中介服务机构不只是简单地提供供需信息，还要能共享技术信息和提供咨询服务，为双方遇到的创新难点做出分析诊断。这些机构亦可以与银行和基金等金融机构进行战略合作，可大大促进科技知识和技术的流动。除了上述作用，科技中介服务机构还可以减少科技知识和技术信息流动中的模糊失实现象，确保技术知识转移流动中的准确性和及时性。

陕西省政府通过研究制定和完善相关政策和法律法规，规范科技服务中介机构的行为，发挥政策引导作用，激励科技中介服务机构保持和提升中介服务质量，树立行业规范，建立良好行业信誉。政府可以将部分职能，如评审科技项目和鉴定科技成果等让渡给一些科技中介服务机构去做，用政策手段指导它们从事技术咨询和技术流通等方面的工作，进而整合和优化现有资源配置，培育出区域化、中心化的专业中介服务机构，逐渐构建出符合科技发展规律和市场经济规律的科技服务中介机构网络，更好地发挥它们在政策、金融、信息和人才等方面的作用。

7.2.8　积极营造企业科技人才环境

良好的社会文化环境是企业提升自主创新能力的前提条件和现实基础，它对企业实现自主创新有着较为深远的影响。历史上一些开明的君主都十分注意创造机会均等的良好环境，其目的是让更多人才可以最大限度地发挥其才能。无论什么年代都不缺人才，而是缺少让人才发挥出其才能的环境。环境既是吸引人才前往的前提，又是人才得以施展才华的必然条件。良好的科技人才环境是企业、政府吸引人才、留住人才以及充分发挥人才优势的必要条件。因此，陕西省若想提高企业整体的自主创新能力，其首要任务就是营造良好的社会文化环境。

要营造良好的社会文化环境。首先，要提倡学术自由、尊重民主和个性，鼓励理性批判思维，要宣传敢于创新、钻研刻苦、求真去伪的科学精神，提倡人们去探索新理论、新知识和新技术，营造良好学术氛围、开放创新思维。其次，抛弃落后思想和陈旧观念，废除地方保护，加强自主创新教育和宣传工作，培育企业科技创新意识，在社会中形成提倡创新、鼓励创造的社会环境。再次，要提高中小企业的社会地位，让社会群众了解中小企业发挥的作用，特别是其对整个社会经济的重要性，为中小企业奠定良好的社会群众基础，给予中小企业一定的激励和支持。最后，要进一步宣传技术知识、专家事迹、科技创新成果和技术创新实践，充分支持科研人员自主创新，引导群众、科研人员以正确的心态去对待社会上的各种现象。

企业更好地开展自主创新事业，增强科技创新能力不仅离不开适宜的社会文化环境，还需要提高人才对知识、技术的吸收能力。在如今的经济发展中贡献程度最大的因素当属知识,在盛行的知识经济浪潮中,陕西省亟须将全球化中流动的知识、技术充分地纳为己用,转变知识贫瘠的局面,缩小与我国东部地区,乃至诸多西方国家的知识差距。

要提高科技人才对知识、技术的吸收能力。一是要继续推进教育事业的发展,提高居民知识学习能力和将知识转化为生产力的能力。陕西省是一个教育大省,在现有的教育基础上,需进一步深化教育改革,让教育的成果为社会经济发展和社会进步做出实际贡献。在初级教育阶段,不应该只关注单纯的文化教育,还要兼顾劳动技术和职业技术教育;在中等职业技术教育阶段,要以满足社会和经济发展需要为出发点;在高等教育阶段,要减少脱离实际生活和社会需求的学术研究,培养科研人员科技成果转化意识。总之,要以社会需求为目标,并以此为目的培养人才,不让教育供给与社会需求脱节。与此同时,要重视农村教育,从教育的低洼地消除知识贫瘠,提高居民整体素质,为陕西省企业自主创新提供高水平的基础性人才。二是要大力引进知识,扩大对外开放。对省外、国外企业同省内企业要一视同仁,积极地与高水平的企业和人才合作交流,以提高自身吸收知识和转化知识的能力。与此同时,还要加强海外侨胞或者出国学习人员与本地企业或人才的知识交流、技术转让等,尽可能抓住获取外省、外国先进知识的机会。三是加速通信和网络等基础设施建设,降低资费标准,为交流知识提供良好的客观条件。基础设施的投资,可以拓宽接受知识的渠道;资费的降低,保障了家家户户入网获取知识、信息。以上方法的采纳,有利于消除知识贫瘠,提高居民整体素质,为中小企业培育更多的创新中坚力量。

本章小结

本章分别从企业、政府两大主体出发,提出了关于实现陕西省企业自主创新的保障措施。由于企业自主创新是在内部因素和外部客观环境共存的条件下进行的，这些内外部因素对自主创新过程的影响是与企业未来发展密切相关的。内部因素主要是指企业自身属性，如企业文化建设、资源能力等；而外部环境则纷繁复杂、门类繁多，主要影响因素在于政府的政策支持和宏观引导等。

本章基于企业角度的保障措施包含六个方面，即以自主为核心、以科技人才为本、增强知识产权意识、重视院校机构合作、重视企业文化、建立健全激励机制。基于政府角度的保障措施包含八个方面，即加强宏观指导、完善激励政策、促进产权意识、鼓励民营企业创新、强化企业主体地位、完善科技成果转化机制、发挥中介服务机构的作用、营造人才环境。这些具体而详细的保障措施若能够得以实施，将为企业自主创新的实现提供强有力的后盾。

8 研究结论与展望

在当前国际大形势下,全球经济飞速发展,为求在世界民族之林立于不败之地,各国(地区)都十分重视企业的自主创新。具有国家战略意义的企业创新常常能对国家核心竞争力起到巨大的助推作用。我国是创新型国家,国内科技型企业数量众多,如何通过企业自主创新能力的提升拉动国内整体投资消费水平的提高,从而活跃国内经济市场氛围使其蓬勃发展,成为我国亟待解决的现实问题;这也是当前制定经济政策的重中之重。在国家相关政策的指引下,陕西省愈加重视和鼓励企业走上自主创新之路,并取得了良好成效。本书的实际意义是在研究陕西省自主创新政策以及企业创新效率相关概念、逻辑体系、理论发展以及现状的基础上,分别对企业自主创新模式选择、政策制定与陕西省企业创新效率的关系进行分析,并以此为依据构建出陕西省企业自主创新政策体系和创新的实现方式,最后为企业创新方式的实现提出保障措施。本章在对自主创新模式选择,以及政策制定与陕西省企业创新效率水平的关系进行分析的基础上,联系特定的研究背景和已有的理论知识,提出合理的结果及推论;除此之外,以本书的研究结论为基础,提出存在的局限性和后续的研究。

8.1 研究结论

根据前文的分析可得出以下结论:

第一,通过阅读梳理相关文献和网络调研、问卷调研等方式,收集大量资料,在此基础上探究企业自主创新的分类、自主创新政策的体系与作用机制发现,原始创新、集成创新、引进消化吸收再创新、官产学研创新、开放式全面自主创新等创新模式是陕西省企业主要的自主创新模式。而自主创新政策通过制定科学、系统的政策条款,从资金、人员、服务等方面为企业创新提供有效的保障与发展的机遇。因此,"对症下药"的自主创新政策会在一定程度上提升企业创新效率。

第二,在掌握了陕西省企业自主创新情况并做对比研究后,了解到陕西省企业整体自主创新水平与我国东部等经济发展较快的地区相比还存在一定差距。究其原因,陕西省企业与政策体系均存在一些问题,具体表现在:企业内部创新激励措施缺少系统性、企业自身创新主体意识还未成熟、企业内提升自主创新能力和整合资源的水平有待提高、企业对当前压力缺乏认知、企业创新效率低、自主创新模式与企业发展不匹配等。因此,除了陕西省企业要选择适合的自主创新模式,陕西省亟待完善和健全自主创新政策,加强对企业自主创新的引导。

第三,在研究陕西省企业自主创新模式选择后可以得出,由于陕西省各行业企业所处的内外部因素以及生命周期的不同,各行业企业在自主创新活动中适宜的自主创新模式也不同。在所调研的七个行业企业中,航空航天行业企业最适合原始创新模式;电子信息行业企业、材料行业企业、光机电一体化行业企业最适合集成创新模式;生物医药行业企业、环境保护行业企业、新能源高效能源行业企业最适合引进消化吸收再创新模式。

第四,通过研究陕西省自主创新政策对企业创新效率的影响程度,能够发现陕西省自主创新政策得到了严格的落实，效果理想，并且多数政策都能正向促进企业创新效率，包括R&D人员投入、研发经费支出、企业研究开发费支出额、因享受相关政策实际抵扣（150%）的应纳税所得额、中小企业信用担保贷款、普通商业银行贷款、采购支出、引进技术的经费额等。但抛开理论，在实际落实中，由于区域异质性、政府贯彻力度、企业内部结构差异及对政策认知差异等原因，经职能部门认定的研究开发费支出额、享受优惠的企业所得税额、国家重大科技项目政策性贷款、消化吸收的经费额四项未有效作用于企业创新效率；甚至，"经职能部门认定的研究开发费支出额"反向作用于企业创新效率。

第五，自主创新政策涵盖了科技创新投入、税收优惠激励、金融支持、政府主导性采购以及引进消化吸收再创新五个方面。这些政策之间相互独立又相互联系，构成一个有机的整体。在陕西省自主创新政策体系的构建中，在这五个方面上的强化措施是非常有必要的。

8.2　主要创新点

本书充实和拓展了陕西省自主创新模式、陕西省自主创新政策的研究体系，通过归纳自主创新模式、自主创新对创新绩效影响的相关理论，使用网络问卷、实地调研的方法，应用模糊积分、DEA法分别对陕西省企业自主创新的模式、细分政策对企业创新绩效的影响展开相应研究，最后根据实证研究结论，构建陕西省企业自主创新政策体系。本书的研究结论用于引导陕西省自主创新政策的制定与规划。总体来讲，本书的创新之处包括以下几点：

第一，定量与定性相结合，分析陕西省企业自主创新模式的选择问题。企业如何选择适当的自主创新模式一直是学者们关注的焦点，近年来也有很多研究基于单个企业、不同企业类型及地域展开研究。但是，对陕西省企业自主创新模式的选择仍然是学者未关注的一个领域。这主要是因为陕西省地处西部欠发达地区，企业自主创新的模式仍然偏于传统，创新效率、创新程度并不是很高，因此长期以来，没有学者针对陕西省企业创新模式的选择展开专门定量与定性相结合的整体研究。现有的少量文献也仅仅针对装备制造业和部分高新技术企业的自主创新能力进行单独的研究。本书从内外部影响因素以及企业生命周期三个维度入手分析企业自主创新模式选择的影响因素，并通过指标体系构建，分行业对企业自主创新模式的选择进行实证分析，得出相应研究结论，在一定程度上解决了关于陕西省企业自主创新模式的选择问题。

第二，根据陕西省企业自主创新的实际情况，制定自主创新政策体系，具有很强的实践指导作用。在国内外现有的研究中，对企业自主创新模式、自主创新能力的评价及影响因素已经做了较为广泛的研究，而将某个特定地区作为研究对象来研究企业自主创新政策体系构建的研究较少。本书通过实证分析，着重验证了陕西省自主创新细分政策对企业创新效率的影响，并根据实证检验结果，有针对性地从陕西省科技创新投入、税收优惠鼓励、金融支持、政府主导性采购、引进消化吸收再创新政策五个方面来构建陕西省自主创新政策支持体系；最后还基于企业和政府角度分别为企业自主创新的实现提出保障措施。这种全方位、多视角的研究方法不仅丰富了现有关于地区企业自主创新政策的理论研究，还为陕西省未来自主创新政策体系的制定提出了更多实践性的指导意见。

8.3 研究不足与展望

虽然本书开展了大量的工作，但仍然存在局限性，这些不足之处将是今后研究的改进方向：

第一，本书的研究在地域等方面受到一定的限制。问卷调查样本55.57%位于西安，且在这些企业中，多数是科技型企业或大中型企业，它们拥有较为先进的设备和高技术人才，自主创新条件良好，因此创新效率理想。故由此得出的研究结论不能以偏概全地代表陕西省所有企业自主创新的真实状况。也就是说，因为地理位置等因素的影响，本书的研究结论可能产生一定的偏差。在未来的研究中，要努力辐射到各地区的相关企业，确保研究样本的平均分布，从而使研究结论的可靠性更高。

第二，研究工具的制约导致本书的研究对陕西省企业自主创新产出、投入、环境方面的数据收集不全。这导致对陕西省企业自主创新的现状描述得不够完整、对自主创新政策落地情况掌握得不够客观。在后续研究里，将加大调研人员的投入力度，或改良收集数据的方法，以提高研究结论的准确性。

参考文献

[1] 周泽炯, 陆苗苗. 政府干预与金融支持对企业自主创新投入的影响研究——基于657家战略性新兴产业上市公司数据分析 [J]. 安徽工业大学学报（社会科学版）, 2021, 38 (5): 11-15.

[2] 陈云伟, 曹玲静, 张志强. 新冠肺炎疫情大流行对国际科技发展的影响及其启示 [J]. 中国科学院院刊, 2021, 36 (11): 1348-1358.

[3] 施培公. 论技术创新宏观评估与测度 [J]. 软科学, 1996 (3): 62-64.

[4] 游光荣, 柳卸林. 自主创新的内涵与类型 [J]. 国防科技, 2007 (3): 23-25.

[5] 雷家骕. 建立自主创新导向的国家创新体系 [J]. 中国科技产业, 2007 (3): 128-130.

[6] 高旭东. 自主技术创新从初级阶段走向高级阶段的理论与政策 [J]. 技术经济, 2009, 28 (6): 1-4.

[7] Rothwell R. Successful Industrial Innovation: Critical Factors for the 1900s [J]. R&D Management, 1992, 22 (3): 226-227.

[8] 柳卸林. 中国国家创新政策系统的现状、问题与发展趋势 [M]. 北京: 科学出版社, 1998.

[9] 王春法. 主要发达国家国家创新体系的历史演变与发展趋势 [M]. 北京: 经济科学出版社, 2003.

［10］范柏乃.面向自主创新的财税激励政策研究［M］.北京：科学出版社，2010.

［11］张明龙.区域政策与自主创新［M］.北京：中国经济出版社，2009.

［12］Chittenden F, Derregia M. The Role of Tax Incentives in Capital Investment and R&D Decisions［J］. Environment & Planning C：Government & Policy, 2010, 28（2）：241-256.

［13］方重.企业自主创新与税收政策相关性研究［D］.合肥：合肥工业大学，2010.

［14］Foreman-Peck J. Effectiveness and Efficiency of SME Innovation Policy［R］. Cardiff Economics Working Papers, 2012（E2012/4）.

［15］洪勇，李英敏.自主创新的政策传导机制研究［J］.科学学研究，2012（3）：449-457.

［16］保罗·萨缪尔森，威廉·诺德豪斯，等.微观经济学（第18版）［M］.萧琛，译.北京：人民邮电出版社，2008.

［17］武汉大学开放式创新研究课题组.开放式创新体系中的引进消化吸收再创新研究［J］.经济纵横，2019（6）：55-61.

［18］喻登科，张婉君.企业组织知性资本、知识管理能力与开放式创新绩效［J］.科技进步与对策，2022，39（9）：122-131.

［19］Guerzoni M, Raiteri E. Demand-side vs. Supply-side Technology Policies：Hidden Treatment and New Empirical Evidence on the Policy Mix［J］. Research Policy, 2015, 44（3）：726-747.

［20］徐喆，李春艳.我国科技政策组合特征及其对产业创新的影响研究［J］.科学学研究，2017（1）：45-53.

［21］袁胜军，俞立平，钟昌标，等.创新政策促进了创新数量还是创新质量？——以高技术产业为例［J］.中国软科学，2020（3）：32-45.

［22］曹泽，任阳军，沈圆，等.基于SFA和Malmquist方法的建筑业技术效率研究［J］.唐山学院学报，2015，28（6）：96-100.

［23］Charnes A, Copper W W, Rhodes E. Measuring the Efficiency of Decision-Making Units［J］. European Journal of Operation Research, 1978, 2（6）：429-444.

［24］Banker R D, Charnes A, Cooper W W. Some Models for Estimating Technical and Scale Inefficiencies in Data Envelopment Analysis［J］. Management Science, 1984, 30（9）：1031-1142.

［25］魏权龄, Sun D B, 肖志杰. DEA方法与技术进步评估［J］. 系统工程学报, 1991（2）：1-11.

［26］魏权龄, 卢刚, 蒋一清, 等. DEA方法在企业经济效益评价中的应用［J］. 统计研究, 1990（2）：58-62.

［27］朱乔, 陈遥. 一种预测的新方法——DEA方法应用的新领域［J］. 数理统计与管理, 1991（6）：49-54.

［28］吴文江, 何静. 有关将弱DEA有效性用于预测的探讨［J］. 系统工程理论与实践, 1996（7）：31-35.

［29］盛昭瀚, 朱乔, 吴广谋. DEA理论、方法与应用［J］. 北京：科学出版社, 1996.

［30］迟旭, 杨德礼. 人力资源对国民经济发展贡献评价的DEA模型［J］. 大连理工大学学报, 1995（3）：430-433.

［31］迟旭, 杨德礼. 生产分析和测量的非参数方法［J］. 管理工程学报, 1995（4）：239-244.

［32］刘艳春, 韩孺眉, 孙博文. 基于PCA-DEA综合评价模型的大中型工业企业技术创新效率评价［J］. 技术经济, 2013, 32（8）：9-14+74.

［33］乌兰伊茹. 中国西部地区大中型工业企业技术创新效率评价［N］. 中央财经大学学报, 2013（10）：86-90.

［34］李宏宽, 何海燕, 单捷飞, 等. 剔除非管理性因素影响的我国集成电路产业技术创新效率研究：基于广义三阶段DEA和Tobit模型［J］. 管理工程学报, 2020, 34（2）：60-70.

[35] 孙晋众, 庞正华. 地方财政科技投入模式及其引导作用机制 [J]. 商业时代, 2013 (32): 76-77.

[36] 原长弘, 孙会娟, 李雪梅. 地方政府科技投入强度及本地市场技术需求对研究型大学专利产出效率影响研究 [J]. 科技进步与对策, 2013, 30 (10): 26-30.

[37] 韩笑. 国内外科技投入机制对比研究 [J]. 技术经济与管理研究, 2013 (7): 47-52.

[38] 杨杨, 杜剑, 包智勇. 促进我国经济结构服务化的税收激励政策分析 [J]. 税务研究, 2012 (2): 16-20.

[39] 李晓嘉. 中国对外投资主要目的地税收激励政策研究 [J]. 国际经济合作, 2010 (2): 73-76.

[40] 刘悦男. 促进黑龙江中小企业发展的金融支持政策选择研究 [J]. 现代商业, 2013 (29): 272.

[41] 余露. 中小企业金融支持政策"棚架"的成因与对策 [D]. 郑州: 郑州大学, 2003.

[42] Rajan R G, Zingales L. Financial Dependence and Growth [J]. American Economic Review, 1998, 88 (3): 561-575.

[43] 王栋, 赵志宏. 金融科技发展对区域创新绩效的作用研究 [J]. 科学学研究, 2019, 37 (1): 45-56.

[44] 孙晓华, 杨彬. 政府采购驱动技术创新的机制及实证——来自欧盟9国的经验证据 [J]. 中南财经政法大学学报, 2009 (5): 3-7+142.

[45] 殷亚红. 我国政府采购政策功能的几点思考 [J]. 经济研究参考, 2013 (41): 17-18.

[46] Geroski P A. Procurement Policy as a Tool of Industrial Policy [J]. International Review of Applied Economics, 1990, 4 (2): 182-198.

[47] 王淑云. 政府采购政策与自主创新研究 [D]. 郑州: 郑州大学, 2007.

[48] 罗豫, 朱斌. 区域产业技术引进消化吸收再创新能力比较研究 [J]. 科

技进步与对策，2012，29（7）：47-53.

[49] 徐倩，韦影，李靖华.我国制造业引进消化吸收再创新的现状分析[J].科技管理研究，2010（17）：10-13.

[50] Howell A, Turok I. Industry Relatedness, FDI Liberalization and the Indigenous Innovation Process in China [J]. Regional Studies, 2020, 54 (2): 229-243.

[51] 姜德慧.影响中国企业自主创新能力的内外部因素分析[J].商场现代化，2019（5）：125-126.

[52] 罗锋，杨丹丹，梁新怡.区域创新政策如何影响企业创新绩效？——基于珠三角地区的实证分析[J].科学学与科学技术管理，2022，43（2）：68-86.

[53] 贺德方，祝侣，周华东，武雨婷.基于生命周期视角的企业科技创新政策体系研究[J].中国科技论坛，2022（1）：1-6.

[54] 倪佳怡.陕西省自主创新政策对企业创新效率影响研究[D].西安：西安理工大学，2014.

[55] Li Y, Feng K. China's Innovative Enterprises at the Frontiers: Lessons from Indigenous Innovation in Telecom-Equipment and Semiconductor Industries [J]. China Review, 2022, 22 (1): 11-37.

[56] 梅桥.基于DEA的科技投入产出分析与政策研究——以我国东部11省市为例[D].合肥：安徽大学，2010.

[57] 孙青.财政科技投入、科研人力资本对科技创新的影响[J].统计与决策，2022，38（1）：153-157.

[58] 苗慧，刘凤朝.中国政府科技投入与经济增长关系的实证研究[J].科技与管理，2010，12（4）：50-53.

[59] 武普照，曲世浩，庄静.促进企业自主创新的税收激励政策研究[J].经济研究参考，2012（63）：28-34.

[60] Ding K, Xu H, Yang R. Taxation and Enterprise Innovation: Evidence from China's Value-Added Tax Reform [J]. Sustainability, 2021, 13 (10): 1-20.

[61] 周丽娟, 许景婷. 税收政策激励对企业研发投入的效应研究——以中小型高新技术企业为例 [J]. 江苏经贸职业技术学院学报, 2013 (5): 19-23.

[62] 张宏彦. 基于科技创新导向的金融支持政策研究 [J]. 科技进步与对策, 2012, 29 (14): 98-101.

[63] Kim K, Sang O C, Lee S. The Effect of a Financial Support on Firm Innovation Collaboration and Output: Does Policy Work on the Diverse Nature of Firm Innovation? [J]. Journal of the Knowledge Economy, 2020, 12 (2): 645-675.

[64] 蒲艳, 胡静. 技术创新与财政金融支持政策研究述评 [J]. 商业时代, 2012 (22): 101-102.

[65] 韩凤芹, 周斌. 促进高技术产业发展的政府采购政策研究 [J]. 中国经贸导刊, 2011 (10): 32-34.

[66] 邓乐元, 成良斌. 技术创新取向的政府采购 [J]. 中国科技论坛, 2003 (3): 43-46.

[67] 姜爱华, 费堃桀. 政府采购、高管政府任职经历对企业创新的影响 [J]. 会计研究, 2021 (9): 150-159.

[68] Hanson E C, Rothwell R, Zegveld W. Industrial Innovation and Public Policy: Preparing for the 1980s and the 1990s [J]. American Political Science, 1982, 76 (3): 699.

[69] 乔为国, 陈芳. 引进消化吸收再创新的政策体系与实施问题研究 [J]. 科技促进发展, 2010 (11): 37-40.

[70] 林春培, 张振刚, 田帅. 基于企业技术能力和技术创新模式相互匹配的引进消化吸收再创新 [J]. 中国科技论坛, 2009 (9): 47-51.

[71] Tassey G. Technology Infrastructure and Competitive Position [M]. Springer Science+Business Media, LLC., 1992.